AF502388

Nicolas de Pavlov

le Tzar Nicolas II

ou

les Peuples aveugles

Éditions
Bossard

2ᵉ Édition

Respectueusement dédié

à S. A. I. Monseigneur le Prince

ALEXANDRE D'OLDENBOURG

Hommage de reconnaissance

à M. CHARLES WURTZ

Conseiller d'État

Le Tzar Nicolas II

ou

les Peuples aveugles

DU MÊME AUTEUR

En langue russe

Recueil d'articles, Moscou, 1916.

Mémoires d'un Terrien, 2 vol., St-Pétersbourg, 1914.

Absurdités. Recueil d'études économiques (parues en langue française dans le *Journal des Débats*). Paris, 1919.

S. M. l'Empereur Nicolas II. Paris, 1927.

Terre et Liberté. Roman, Berlin, 1927.

Un Songe. Essai historique. Paris, 1928.

Chansons du Passé. Roman. Paris, 1928.

Nicolas de Pavlov

Le Tzar Nicolas II

ou

les Peuples aveugles

ÉDITIONS BOSSARD

140, BOULEVARD ST-GERMAIN

PARIS

AVANT-PROPOS

L'opinion publique en France reste jusqu'à présent dans l'erreur sur les causes de la catastrophe sans précédent qui s'est abattue sur la Russie, son alliée si puissante il y a peu de temps encore.

Réfugié dans ce pays hospitalier, vivant au milieu de gens de toutes conditions, j'entends souvent parler autour de moi des jours mémorables où le peuple français avait peine à contenir ses sentiments enthousiastes pour la nation russe à la suite de la conclusion de l'Alliance par l'Empereur Alexandre III ainsi qu'à l'occasion de la visite de l'Empereur Nicolas II qui devait périr de façon si tragique.

Confiant en lui-même et dans la force de son empire, le père du dernier monarque avait réparé la faute de son aïeul, Alexandre 1er. Il avait fait sien et sut réaliser le projet génial de Napoléon d'unir, dans une alliance intime, la France et la Russie, ces deux nations, dissemblables quant aux mœurs et à la forme de gouvernement, mais au même degré indépendantes et désintéressées. C'était constituer en Europe une barrière morale et matérielle contre les menaces et agitations des Etats agressifs.

Alexandre III avait conclu l'Alliance au nom de son peuple qui, lui, ne prenait aucune part à l'action politique; la France l'avait acceptée consciemment et l'importance en était ressentie et appréciée par la nation entière.

A l'exemple de son auguste père, l'Empereur Nicolas II sera resté fidèle à l'Alliance toute sa vie, sans la moindre défaillance, la main toujours amicalement tendue vers la France. « Mon entrée à Paris, dit-il le 6 janvier 1897 à l'Ambassadeur de la République Française, est le plus beau moment de ma vie ». Et il évoquait souvent ce « beau moment », les maisons pavoisées, les fleurs, les illuminations, et surtout, les chaleureuses acclamations de la foule innombrable, jeunes et vieux, hommes, femmes, enfants, riches et pauvres, exprimant les sentiments unanimes du peuple français à l'adresse du chef suprême de la nation russe. Tout, en ce jour, avait été beau et vibrant de sincérité. C'était bien la France entière qui faisait un accueil joyeux à son impérial ami.

Et le peuple français ne se trompait pas. Le souvenir de cette inoubliable journée est resté à jamais gravé dans le cœur de l'Empereur et de l'Impératrice et rendit pour toujours chère au peuple russe l'amitié de la France qui s'exprimait dans le mélange harmonieux des accents de la Marseillaise avec les paroles de notre hymne: « Règne, redouté de l'ennemi. »

L'écho de ces chants et de ces paroles retentit à

nouveau lorsque les armées de la Russie impériale et de la France républicaine eurent à soutenir ensemble l'assaut d'un ennemi présomptueux.

Un autre temps vint : le printemps de 1917, où les forces de l'armée russe, renouvelées et quadruplées par la volonté inébranlable de l'Empereur, étaient prêtes à marcher sur Berlin où pouvaient seulement être dictées les conditions d'une paix réelle.

Or, en ce même printemps, la marche victorieuse des armées s'arrête subitement; le chef suprême de la nation et de l'armée russe disparaît et c'est, aussitôt, la déroute, la débandade, l'anarchie.

Ce n'est ni l'endurance ni le courage qui valurent à l'Allemagne la victoire sur la Russie. Elle fut l'effet d'une machination depuis longtemps conçue; traîner le Tsar dans la boue pour le renverser en temps de guerre, provoquer un coup d'Etat, soulever la révolution sociale et détruire la discipline pour désagréger l'armée d'abord, la nation ensuite. Le gouvernement allemand, les organisations de l'Internationale et une partie de la société russe avaient conjugué leurs forces pour rendre possible ce complot infernal, à la faveur du consentement tacite de quelques puissances soi-disant amies.

C'est ainsi que la Révolution entraîna notre malheureux pays dans la ruine et dans la honte.

Quelle n'était la naïveté de ceux qui espéraient arrêter la marche de la révolution dans un pays comme la Russie et au cours d'une pareille guerre! L'ouragan déchaîné ne connaît pas de frein. Aussi, ces deux adversaires de la monarchie russe, l'Allemagne et la classe dirigeante russe, furent-ils emportés dans la tempête. Seule, l'Internationale sut se rendre victorieuse en Orient.

Le 14 juillet 1919, les rues de Paris sont de nouveau pleines de monde : des salves, des fleurs, des hymnes. Les troupes glorieuses de la France défilent sous l'Arc-de-Triomphe, suivies de détachements de toutes les armées alliées. Parmi celles-ci il n'y a pas de Russes. Cela vaut mieux ainsi, hélas!...

Mais parmi les Français, beaucoup pensent dans le silence de leur cœur au peuple russe et à son Tsar que le mensonge et la trahison ont condamné à l'absence au jour de la victoire. Et, encore une fois, ceux qui, en ce moment, se souviennent du Tsar ne se trompent pas. De même que pendant la paix l'Empereur Nicolas II n'avait jamais cessé de seconder la France, de même durant la guerre il n'a pas laissé passer une heure sans travailler à la victoire commune et jusque dans son exil, sous les yeux de ses ignobles gardiens, il est resté fidèle à l'Alliance. Nous savons que, dans ses derniers jours, l'Empereur s'inquiéta du sort de son Alliée française et qu'il fut heureux d'apprendre que l'Amérique lui apportait son puissant concours.

Jamais l'Empereur n'eut la pensée d'abandonner la France et il ne l'aurait jamais trahie. Lorsqu'il se vit contraint d'abdiquer, il eut soin, en prenant congé de son armée, de lui faire la recommandation suprême de rester fidèle aux Alliés.

Mais, privée de son Empereur et Chef, cette armée de douze millions d'hommes jeta bas les armes, abandonna ses positions et accepta une paix ignominieuse.

L'Empereur Alexandre III, l'ami de la France, dort dans son tombeau. Où est celui de son fils assassiné? Nul ne le sait. Mais le fils, comme le père, est mort fidèle à son devoir, fidèle à sa parole, fidèle à l'honneur de son pays et à ses alliés.

Avec lui s'éteignit le flambeau de la Monarchie russe et aussi celui de la Russie.

Que s'est-il donc passé au cours de ce règne, pour que l'Empereur Nicolas II, — en qui la France avait eu foi, qu'elle avait aimé même, — apparaisse, surtout depuis quelques années, aux yeux de l'opinion publique française comme un souverain incapable, comme un homme dépourvu de volonté, comme un fantoche tombé, — ainsi que l'Impératrice, — aux mains d'un rustre débauché? Pour qu'on l'accuse d'avoir eu des velléités de trahison et qu'on y voit la cause qui a conduit la Russie à la révolution, à la ruine et à la déchéance?

Il est significatif que c'est dès le début de
la guerre que ces bruits aient commencé à se
propager. D'où provenaient-ils? Qui les a répandus? Quelle est la part qui en revient à chacun
des auteurs? Le moment ne serait-il pas venu
de remonter aux sources mêmes de ces accusations?

C'est d'une partie de la société, du Parlement
et de la presse russes que partirent — simultanément — les rumeurs qui avaient pour but de vili-
pender la personne de l'Empereur; la presse
allemande fit chorus, la presse anglaise suivit et,
partiellement, la presse française. De toutes parts
se répandirent des racontars concernant Raspoutine, qui firent l'objet de commentaires infamants.

Après la chute de l'Empire, il sembla qu'on
eût oublié ces infamies, comme d'ailleurs on oubliait, momentanément, la Russie. Mais dès l'année 1920, alors que des flots de réfugiés inondè-
rent l'Occident, tous les ragots de soi-disant
« dames d'honneur » et de pseudo-gens du
monde furent avidement recueillis par des re-
porters ignorant tout des choses de la Russie.
D'anciens députés, d'anciens professeurs ou
fonctionnaires s'en mêlèrent; les plumes russes
rivalisèrent avec les plumes étrangères et s'emparèrent du nom de l'Empereur lâchement assassiné pour émettre sur sa personne et sur son
activité des opinions dénuées de base sérieuse
mais qui, formant déjà dans toutes les langues

une littérature abondante, risquent de fausser le jugement de l'histoire.

Le temps me paraît venu de proclamer que la plupart de ce qui a été publié pour dénigrer la mémoire de l'Empereur Nicolas II ne repose que sur des mensonges, et que les causes de la révolution russe ont été jusqu'à présent mal ou insuffisamment étudiées. Mêlé pendant trente ans à la vie publique et rurale de mon pays, soit comme membre du Zemstvo et maréchal de la noblesse, soit comme électeur au Conseil de l'Empire, j'ai pu observer de près la marche des évènements aussi bien sur le terrain économique que dans le domaine de l'administration.

Après avoir publié, récemment, en langue russe, un essai sur le règne de l'Empereur Nicolas II, où j'ai voulu exposer brièvement les faits et gestes de ce règne rigoureusement étayés par des documents qui réfutent les calomnies dont il a été l'objet, je le soumets aujourd'hui à la loyale appréciation du public français et au jugement de l'opinion universelle. Il ne s'agit plus de savoir si, aux yeux de tel bavard ou de telle pimbêche, le Tsar était ou n'était pas sympatique. La vie d'un homme, surtout d'un puissant monarque, ne doit pas être jugée d'après les sentiments personnels de gens irresponsables, ni d'après ceux de la foule ignorante, mais sur des faits connus et sur les actes qu'il lui a été donné d'accomplir.

Cet examen est d'une importance capitale aussi bien pour l'étude de l'histoire, que pour celle des systèmes de gouvernement dans tous les Etats, parce que les actes de l'Empereur Nicolas II visaient l'existence même de la Russie et que les destinées de cette dernière sont en rapport intime avec l'évolution sociale, économique et nationale du monde moderne.

La France, si attachée à ses traditions, à ses lois et à son histoire, se doit à elle-même de rendre hommage à ses deux impériaux amis, le Père et le Fils, et de connaître d'après des documents et avec toute la rigueur méthodique la vérité sur la personnalité de l'Empereur Nicolas II dont les actes sont pour une si grande part dans la direction prise par les évènements de l'époque contemporaine. Et ce n'est qu'après un examen attentif de ces évènements, que l'on pourra dire si la Nation Française a eu raison d'acclamer en 1896 avec tant d'enthousiasme le Tsar et le peuple russe, dont il était la personnification, ou si les auteurs irresponsables des écrits basés sur des commérages, sur des mensonges et sur des faits non contrôlés sont fondés de tromper et corrompre l'opinion publique du monde entier. Ce n'est pas le nom sans tache de l'Empereur, ce sont les historiens français qui ont besoin de ce verdict; c'est aussi la nation russe, aujourd'hui impuissante, mais dont l'union se refera un jour. Le temps passe, il faut que chacun s'efforce de connaître la vérité avant qu'elle ne s'oublie.

La tradition de l'Alliance est encore vivante en France. La Russie ne peut pas désirer un meilleur arbitre. Que les intelligences françaises nobles et loyales se décident enfin à poser dans toute son ampleur la question des causes réelles et profondes qui ont déterminé l'effondrement de la Russie, et celle de savoir si l'Empereur Nicolas II avait rempli son devoir envers sa Patrie et envers le monde civilisé.

Puissent les pages qui suivent permettre de voir plus juste dans ces graves problèmes.

Il me reste à ajouter un mot. La présente étude est surtout un témoignage. Témoignage d'un homme qui a observé de près évènements et hommes et qui ne veut pas mourir sans l'avoir déposé sur les balances de la Justice. Le souci de ne pas alourdir outre mesure ce volume m'a fait soigneusement éviter toute citation, toute référence à des documents à l'appui de mes affirmations. Mais je tiens à déclarer que les documents ne me manquent pas, et des plus probants, des plus authentiques et dont beaucoup sont inédits. Je me tiens prêt à en donner connaissance à quiconque me le demandera, et j'ai l'intention, si les circonstances le permettent, d'en présenter l'analyse dans un ouvrage ultérieur.

LA CALOMNIE

C'est en invoquant l'aide de Dieu, que je tente d'esquisser dans ses grandes lignes le règne de l'Empereur Nicolas Alexandrovitch, qui marque un tournant décisif dans l'Histoire de ce siècle. Tâche difficile s'il en fut, tant par suite de la complexité des évènements survenus durant ce règne que parce qu'il est encore impossible de réunir tous les éléments nécessaires à un écrivain soucieux de mettre en lumière le vrai visage d'un Souverain que bien peu de personnes ont réellement connu. Incompris durant sa vie comme dans la mort, il laisse derrière lui une multitude de souvenirs d'une élévation incomparable dont un historien exeptionnellement doué pourra seul tirer un jour parti pour fixer les traits de cette âme noble et généreuse.

L'Empereur Nicolas II racheta de toute sa vie, de sa sollicitude de tous les instants pour son pays, de ses souffrances morales et physiques, et au prix de son sang, l'avenir glorieux de la Patrie qu'il avait aimée par-dessus tout. Je crois fermement en cet avenir de gloire et de prospérité. Je crois que cet avenir est imminent et qu'il sera dû au sacrifice suprême de cette existence impériale entièrement consacrée au bien de la Patrie et au maintien de son unité. La beauté de cette vie sans pareille, l'importance mondiale de ce sacrifice seront comprises et appréciées par les générations futures dignes de leur pays, elles le seront aussi par tous les peuples de l'univers qui finiront par reconnaître à ce Monarque le rôle de fidèle gardien du Pouvoir suprême et d'un des plus grands bienfaiteurs de l'humanité.

Bien des gens se sont déjà prononcés sur la personne de l'Empereur Nicolas II. Tous — ou presque tous — n'ont émis sur son compte que des opinions dénigrantes. Depuis le fameux Witte dont la haine pour son Souverain était notoire, en passant par tel autre de ses ministres qui, dans des périodiques français, le traite « avec bienveillance » et fait mine de vouloir « l'excuser », jusqu'aux auteurs d'écrits nettement pornographiques, basés sur des commérages de l'ancien grand-monde pétersbourgeois, tous s'accordent pour parler de l'Empereur avec une insolence grossière ou pour en faire un fantoche, tout au plus digne de pitié. Ils reproduisent avec complaisance de vils potins sur les débauches et les agissements de l'abject Raspoutine, et dépeignent généralement le Souverain comme un être veule, sans caractère et sans intelligence, auteur de tous les malheurs qui ont accablé la Russie.

La bassesse et la lâcheté de ces accusations sont manifestes. C'est là le fruit de cette éducation « mondaine » et superficielle qui a fait surgir dans nos rues les étendards et les écriteaux rouges et jeté tant de nos compatriotes sur les trottoirs de toutes les villes d'Europe.

Pour bien comprendre la genèse des événements qui se sont déroulés au cours du règne de l'Empereur Nicolas II et qui ont abouti à la catastrophe de 1917, il est nécessaire de se rendre compte qu'aux deux facteurs dont l'union avait fait la force et la grandeur de la Russie, le Tsar et le Peuple, il s'était adjoint, depuis l'instauration par Pierre 1er du régime « impérial », un troisième élément, désigné sous le terme générique de « société », dont les empiètements successifs sur le Pouvoir du Souverain eurent pour résultat de rompre l'harmonie qui avait régné jusqu'alors entre les deux premiers. Or, c'est ce nouvel élément, qui est l'unique cause de l'horrible catastrophe qui a conduit le pays à la ruine.

Le peuple, en effet, n'en est pas responsable. Pourvu de tout ce qu'il fallait pour vivre heureux et satisfait, dans le calme et l'indépendance, il savait que le Tsar est la personnification vivante de la Russie, l'auteur et le conservateur de sa puissance et que le pays ne peut pas plus vivre sans lui qu'un corps ne peut vivre sans âme.

La « société », au contraire, ne poursuivait que des buts égoïstes. Frivole, ignorante, paresseuse et cupide, elle compromettait le pouvoir dont elle s'efforçait d'accaparer les avantages. Incapable d'apprécier les hautes qualités de l'Empereur Nicolas, elle ne cessait, depuis le début de son règne, de répandre sur son compte et sur le compte de se sa famille, des propos désobligeants. Ces agissements avaient déjà, après la guerre du Japon, provoqué les troubles de 1905. Elle continua à fomenter l'agitation au sein de la Douma, et espéra profiter des circonstances créées par la guerre mondiale pour s'emparer du pouvoir. Entachée elle-même de toutes sortes de vices elle poussa l'audace jusqu'à formuler contre le plus irréprochable des Souverains des accusations odieuses et créa une atmosphère trouble qui rendit la catastrophe inévitable.

Avec le Tsar, clé de voûte de l'édifice, s'écroula la puissance de la Russie. L'histoire d'un grand peuple s'arrêta brutalement. Ce crime est imputable à ladite « société ».

L'Empereur périt. Mais la calomnie ne désarme pas. Les langues parlent, les plumes noircissent le papier. On dirait que chacun cherche à se justifier en répétant et en grossissant le mensonge des fautes impériales.

Mon dessein n'est nullement de défendre l'Empereur, son nom, ses actes, son honneur. On n'a pas besoin de défendre la Vérité ni l'Honneur sans tache. L'une et l'autre brillent du seul fait de leur réalité : l'auréole qui illumine la figure de l'Empereur Nicolas II ne peut que devenir avec le temps de plus en plus éclatante. Mais il est du devoir des témoins de cette époque de dissiper le brouillard amassé par la trahison et l'ignorance et qui l'empêche de resplendir aux yeux de tous.

LES DÉBUTS DU RÈGNE

A l'avènement de l'Empereur Nicolas II, la Russie semblait jouir d'une situation enviable. Ce n'était là qu'une apparence. Treize ans plus tôt, le trône impérial baignait dans le sang du Tsar magnanime qu'avait été Alexandre II et l'horreur de ce meurtre cynique pesait sur la vie de la nation.

Le complot contre la monarchie se poursuivait dans l'ombre ainsi que le prouva l'attentat de Borki. Mais la personnalité géante d'Alexandre III se dressait menaçante à la moindr tentative d'opposition de la « société »: il sut défendre le pays aussi bien contre les velléités d'insoumission à l'intérieur que contre la politique agressive de certains Etats hostiles de l'Occident.

Au point de vue économique, la situation avait plutôt empiré, si on la compare à ce qu'elle était vers le milieu du XIXe siècle.

En 1857, la circulation monétaire était représentée par des bons du Trésor pour une valeur de 88 millions de roubles, par des billets dits « de crédit » pour 740 millions, par des reconnaissances de dépôts qui étaient acceptées en paiement pour leur valeur nominale, atteignant un milliard de roubles, enfin par des monnaies d'or pour 600 millions, soit un total d'environ deux milliards et demi d'instruments de paiements fiduciaires, alors que le budget de l'Etat s'élevait à 257 millions de roubles et que les impôts étaient insignifiants.

Le peuple était riche et pourvu de tout ce qui était nécessaire à ses besoins. Les échanges se faisaient au comptant et se développaient progressivement. L'industrie suffisait à la consommation d'une population de 75 millions d'habitants. L'Etat n'avait pas de dettes.

Telle était la situation de la Russie sous le régime autocratique des Empereurs Nicolas Ier et Alexandre II, si abhorrés des intellectuels et des étrangers.

C'est alors qu'apparurent des promoteurs de l'école à laquelle Witte appartiendra plus tard. Dès 1859, on commence à convertir les reconnaissances de dépôts, qui sont échangées contre des billets de banque à raison de 75% de leur valeur nominale. Le cours de ces titres est coté en Bourse; ils cessent d'être reçus en paiement et deviennent des objets de commerce, c'est-à-dire de spéculation. Il en fut retiré de la circulation pour un milliard de roubles. En même temps, on introduisait un tarif douanier « libéral »: aussitôt des marchandises bon marché inondent le pays, tout l'or fuit à l'étranger. On brûle le papier-monnaie: de 740 millions en 1857, il n'en reste, en 1864, que 647 millions. La circulation fiduciaire tombe de deux milliards et demi à 750 millions de roubles.

Résultats : les propriétaires ruraux sont ruinés, la classe paysanne commence à dépérir et devient la proie de spéculateurs et des agents du fisc. L'Etat s'appauvrit et s'endette. Le progrès, tout en façade, se traduit par le développement des villes qui attirent l'aristocratie, mais qui donnent surtout naissance à une ploutocratie. L'administration provinciale languit, faute d'argent. Le pouvoir central perd sa popularité. Et, pour couronnement, le meurtre bestial du Ier mars 1881.

Le peu de durée de son règne ne permit pas à l'Empereur Alexandre III de donner toute sa mesure dans le domaine économique. Son œuvre capitale fut la création du chemin de fer transsibérien dont l'importance fut immense pour l'avenir de la Russie en Orient où l'Angleterre n'avait pas encore eu le temps de lancer le Japon contre elle. Ses réformes administratives, et notamment la fondation de la Banque des Paysans, prouvent qu'il avait à cœur le bien de la population rurale qui, depuis 1880, traversait une crise aigüe due à l'avilissement des prix des produits du sol et à de mauvaises récoltes successives.

Malheureusement, c'est à cette époque que remontent les débuts de la fâcheuse expérience politique des sieurs Bunge, Vychnegradski et Witte, adoption de l'étalon d'or, réglementation du commerce extérieur, accroissement de la dette publique et surtout introduction dans les services administratifs et économiques des procédés bureaucratiques à l'instar des Etats occidentaux.

Dès lors, l'administration de la Russie se trouve sous la dépendance de la Bourse et la vie du pays sous celle de l'Etranger. Par la « fenêtre » ouverte sur l'Europe par Pierre Ier, s'insinue une foule d'usuriers, de spéculateurs, de banquiers, de colonisateurs, de rapaces, de tous ceux qui considèrent notre pays comme une source de profits, un terrain propice au lancement d'affaires, aux rapines et aux spoliations faciles.

La période « impériale » inaugurée par ce monarque nous vaut une annexion par l'Occident. Discriminés, on ne sait pourquoi, suivant la chaîne de l'Oural, en deux Russies, nous devenons effectivement une partie de l'Europe; nous entrons dans la famille des « grandes Puissances » en prenant part au commerce mondial et en adoptant l'étalon d'or. Tous les départements de l'administration bureaucratique sont successivement mis sous la tutelle du Ministre des Finances; c'est le règne du veau d'or et, pris dans cette chaîne dorée, nous ne pouvons plus en sortir.

Le pays le plus riche du monde, qui possédait tout ce qu'il pouvait consommer, qui, avec quelque effort, eût pu inonder l'Europe des produits de son sol tout en réduisant l'importation, et quadrupler ainsi facilement sa réserve d'or, se trouve subitement à la tête d'une énorme dette extérieure. Aux modestes demandes de soutien formulées timidement par la principale branche de la production nationale, l'Agriculture, Witte répond par des refus. Tout pour l'industrie qui n'est qu'une façade, rien pour la terre dont la production constitue notre richesse. Trente années d'administration bureaucratique ont complètement bouleversé notre économie nationale et compromis son progrès, et la faute en incombe non seulement à Witte, mais à toute la classe dirigeante qui forme l'entourage du Souverain. Personne ne proteste contre cette politique : l'or « réchauffe ». Tout le monde réclame le relèvement du niveau de notre « culture », on veut « rejoindre l'Europe ». Nous pénétrons dans l'enceinte des pays civilisés en faisant des dettes et en concluant des traités désavantageux. En entrant dans la Société par actions de l'Europe boursière, nous adoptons l'attachement occidental aux biens de ce monde, mais nous perdons en même temps notre indépendance, notre liberté, notre puissance et beaucoup d'autres choses. *Impera quia sunt divisi,* c'est la devise de la bureaucratie.

Telles étaient les conditions nouvelles et compliquées de la politique d'européanisation poursuivie par Witte à l'avènement de l'empereur Nicolas II. Le jeune empereur pouvait-il lutter contre le courant, rompre les amarres et revenir en arrière? Oui, il l'eût pu s'il avait eu auprès de lui un collaborateur russe de forte trempe, soutenu par la « société ». Mais, ainsi qu'on le verra, personne ne se souciait de le seconder dans sa lourde tâche.

Monté sur le trône, il prend consciencieusement en mains les affaires de l'Etat. Il vit et règne en s'inspirant des idées, des principes et des volontés de son père pour la mémoire duquel il professe un véritable culte. Comme lui, il se rappelle la nuit qui suivit l'assassinat d'Alexandre II, où les rues de la capitale ne cessèrent d'être parcourues par les foules innombrables du peuple loyal et fidèle à ses souverains. Comme lui, il aspire à régner pour le bien de ce peuple.

Sans expérience pendant ses premières années, il maintient au pouvoir les anciens ministres. Deux d'entre eux prennent de l'ascendant sur le jeune monarque : Pobiédonostsev, procureur du Saint Synode, et Witte, ministre des voies de communications. Celui-là, défenseur des idées conservatrices veut que tout reste immuable ; celui-ci est pour le saut dans l'inconnu. Tous deux sont intelligents, rudes, tenaces ; mais ils ne sont dévoués au souverain qu'en apparence. Ni l'un ni l'autre n'a de plan de gouvernement bien défini.

Le reste n'est qu'entourage de courtisans, incapable dans son ensemble d'apporter à l'empereur ni appui ni conseil ni sympathie. Arrivisme, divertissements, parades, réceptions, course à la protection, intrigues, intérêts personnels : voilà à quoi tendent les sentiments de tout ce monde.

A la tête du Département de l'Intérieur, l'indolent Dournovo est remplacé d'abord par le malhabile Sipiaguine puis par l'intelligent et autoritaire Plévé, fonctionnaire dans l'âme. La bureaucratie se divise alors en deux camps, celui des partisans de Witte, et celui des adeptes de Plévé. La lutte, aux yeux de tous, se poursuit pendant trois ans. Et c'est au cours de la bataille que se livrent ces deux ministres que les premiers symptômes sérieux de fermentation politique commencent à se manifester.

En même temps, malgré les prétendus succès de la politique de l'imitation des méthodes occidentales pratiquée par Witte, la crise économique se faisait sentir de plus en plus, particulièrement dans les campagnes. Vers 1900, l'intérêt que le capital étranger avait manifesté jusqu'alors pour nos richesses « inépuisables », commence à devenir moins vif ; Witte ouvre toutes grandes les écluses du Trésor en faveur de l'Industrie et du Commerce, c'est-à-dire au profit des villes. Seule, l'Agriculture est exclue de ses largesses. Par contre, il lui demande tout. Le mot de récolte se trouve dans toutes les bouches. On prétend baser sur la production du sol le budget de l'Etat et la politique d'exportation.

Il devient urgent de réviser tout le système de l'économie nationale.

LA COMMUNE RURALE

Si l'on embrasse d'un regard les cinqante dernières années, on constate que la population rurale dépérit progressivement et que, naguère encore si robuste et si calme, le paysan, appauvri, s'abandonne de plus en plus à la débauche, à l'ivrognerie et à la paresse.

La cause de cette déchéance résidait principalement — ainsi que je n'ai cessé de le démontrer depuis 1894 — dans la défectueuse organisation communale, telle qu'elle avait été constituée au milieu du siècle dernier.

La commune, le *mir*, s'était formée dans les temps les plus reculés, soit autour soit au dehors des domaines seigneuriaux dont elle était à l'origine indépendante. Les cultivateurs qui composaient l'agglomération rurale disposaient librement de leurs terres. Le servage en vigueur dans les pays féodaux n'a jamais existé dans la Russie d'avant l'Empire.

C'est Pierre Ier qui modifia ce régime. Pour remédier aux inconvénients de l'instabilité de la population rurale, inévitable avec le système de la liberté de migration, il décréta l'immobilisation des paysans au sein de la commune. En 1863, l'Empereur Alexandre II les affranchit de ce joug; en même temps, il leur attribua des terres mais décida, d'après un projet soumis à son prédécesseur par l'Allemand Hacksthausen, que ces terres resteraient la propriété collective de la commune pendant 65 ans, c'est-à-dire jusqu'à l'amortissement de la dette de rachat de ces terres, contractée par les paysans affranchis envers l'Etat qui se chargea d'indemniser les anciens propriétaires. La terre ne devint donc pas immédiatement la propriété individuelle des paysans et ceux-ci la cultivaient en commun au moyen des partages périodiques des parcelles. Ils n'avaient pas le droit de la vendre, de l'échanger ou de l'engager. Aussi, faute de crédit, n'avaient-ils ni les moyens ni l'envie de la cultiver convenablement, d'en accroître le rendement, de créer un matériel et de construire les bâtiments nécessaires.

Or, l'Empereur Alexandre III, frappé par le fait qu'un certain nombre de paysans qui s'étaient libérés par anticipation de la dette de rachat, vendaient leur droit à la propriété commune, et dans la crainte qu'il ne se formât une nouvelle classe de prolétaires ruraux, fit promulguer, en 1893, une loi rendant inaliénables les terres paysannes. C'était, contrairement aux intentions de son père, consolider à tout jamais la commune rurale et empêcher que la propriété collective se transforme peu à peu en propriété individuelle.

Cette loi, qui était également en contradiction avec les principes du capitalisme prônés par Witte, avait pour but, dans l'esprit de l'Empereur, de soustraire la population paysanne à l'appât du crédit, et de la protéger contre le danger d'être dépouillée de la propriété du sol. Mais elle avait en même temps pour effet de paralyser toutes transactions sur les biens fonciers, d'arrêter tout mouvement de migration et d'attacher définitivement le paysan à la glèbe. C'est ainsi que le *mir*, la commune, cette institution d'essence socialiste, importée en Russie par un Allemand, et adoptée avec enthousiasme par les Slavophiles, en même temps que, sur un autre pôle, par les Herzen, les Bakounine, les Tchadaïev, reçut la consécration du plus conservateur des Souverains russes. Ce foyer de paresse et de démoralisation devait un jour donner aux bolcheviks la possibilité d'asservir le peuple pour des années.

Il appartenait à l'Empereur Nicolas II de porter le premier coup à cette pépinière du socialisme. Sur son initiative, une conférence extraordinaire fut convoquée en 1901 pour étudier l'état de l'Agriculture et les moyens propres à développer l'industrie agricole. Plus de 600 comités sont convoqués en province et tous demandent l'abolition de la commune, l'établissement de la propriété individuelle, l'organisation du crédit agricole, la création de colonies rurales, le développement du mouvement de migration, etc. A part huit comités qui réclament une « constitution organique », tous témoignent d'un esprit essentiellement conservateur. L'Empereur avait témoigné sa confiance dans la nation en faisant appel aux organisations locales ; la Russie rurale lui donna une réponse réfléchie et décisive. Les régions, objets d'une sollicitude particulière du souverain, lui apportèrent le précieux concours dont il avait besoin pour gouverner selon l'intérêt du peuple.

Mais alors, — de même que sous Alexandre II lors de l'affranchissement des paysans, de même qu'à l'occasion des réformes administratives d'Alexandre III, — Pétersbourg, c'est-à-dire la « société » et la bureaucratie, se divisa en deux camps. Les uns trouvaient que les réponses des comités provinciaux étaient trop libérales, les autres qu'elles étaient trop réactionnaires. Les milieux officiels ne pouvaient se faire à l'idée que la province eût l'outrecuidance de donner son avis.

Au lieu de chercher le remède dans l'amélioration des conditions économiques, la « société » radicale, qui en 1880 réclamait à grands cris la propriété individuelle, ne vit plus de salut que dans « la Constitution ». Elle défend la commune rurale, car elle s'est rendu compte que cette déplorable institution allait causer tôt ou tard des émeutes paysannes sans lesquelles les troubles fomentés dans les villes demeureraient sans effet, comme se sera le cas en 1905.

De leur côté, les hautes sphères de Pétersbourg, toujours hostiles à la « nouveauté », combattent de toutes leurs forces les réformes agraires. La raison en est simple : sur 36 millions de déciatines de terres appartenant à des particuliers, 20 millions de déciatines appartiennent à 700 grands propriétaires vivant dans la capitale, qui ne veulent pas se trouver privés de la main-d'œuvre agricole que, grâce à la commune, ils trouvent en abondance et à des prix dérisoires. C'est ce qui explique que le Conseil de l'Empire, qui compte de nombreux propriétaires de grands domaines, se prononce à huit reprises en vingt ans contre les réformes agraires, contre l'abolition de la commune rurale et contre la liberté de migration. C'est ce qui explique que les milieux bureaucratiques, et notamment la section agricole du Département de l'Intérieur, entravent tant qu'ils peuvent la mise en vigueur des volontés impériales, les uns pour soutenir les intérêts des grands propriétaires, les autres, obéissant aux idées radicales, pour favoriser le maintien de la commune, génératrice de troubles futurs.

Une lutte ardente et sourde s'engage ; des intrigues se nouent pour étouffer la voix du pays. Plévé suspecte Witte qui l'a lui-même en horreur. Durant deux années, on palabre sans résultat. Finalement, le courant soi-disant conservateur l'emporte. Plévé suggère à l'Empereur que la Conférence constitue une expérience dangereuse et en obtient la dissolution. Les travaux des comités sont mis aux archives. Bien plus, par le Manifeste du 26 février 1904, Plévé fait confirmer l'inaliénabilité des terres paysannes, réduisant ainsi à néant l'acte d'importance historique par lequel l'Empereur Nicolas II avait fait appel à la nation qui, par 50.000 voix qualifiées, y avait répondu d'une manière aussi clairvoyante que loyale. La commune, qui était à la veille de disparaître, se trouve à nouveau renforcée à la satisfaction de la « société » et de la bureaucratie. Les voies sont frayées aux évènements de 1905 et de 1917. Witte et ses amis du *grand monde* peuvent se réjouir ; les Allemands aussi.

L'histoire de l'ajournement de la Conférence extraordinaire de 1901 et des procédés employés pour dissimuler la vérité à l'Empereur est un des exemples les plus saisissants de ce qu'on a appelé « la dilapidation de l'Autocratie ». On y découvre aussi l'abîme qui s'était creusé entre la Terre et la Ville. La voix que la Terre faisait entendre pour la première fois depuis cent ans fut étouffée par Pétersbourg qui l'empêcha de parvenir jusqu'aux oreilles du Tsar. Qu'importait l'intérêt de la Russie rurale à la bureaucratie et à la « société » dont l'esprit d'intrigue régnait dans la capitale? Il fallait de l'argent pour entretenir l'industrie déficitaire, pour payer les emprunts, pour développer les relations avec l'Europe. On en demandait à la Terre. Et, bien que celle-ci fût accablée par la commune rurale qui entravait la liberté du travail et paralysait tout développement économique, la bureaucratie opportuniste et paresseuse s'unissait à la « société » d'inspiration radicale pour démontrer au Souverain la nécessité de conserver cette institution soi-disant slave qui facilitait la perception des impôts, l'inopportunité de modifier le statut personnel des paysans, le danger de créer une classe de prolétaires, l'inconvénient de rendre rare la main d'œuvre agricole, l'absence de cadastre et surtout l'insuffisance des moyens financiers nécessaires pour réaliser la transformation de la propriété collective en propriété individuelle. Déjà lors de l'affranchissement des paysans, on avait prétexté l'absence de cadastre et la pénurie du corps d'experts géomètres, pour asseoir hâtivement cette réforme sur la base de la commune rurale.

Est-ce suffisant pour en conclure que l'Empereur Nicolas II manquait de caractère ou qu'il n'avait pas de suite dans les idées? On ne peut certes affirmer qu'il eût une volonté absolument inébranlable, à l'exemple de son auguste grand-père. Sa modestie naturelle ne lui permettait pas de se croire omniscient; il eut parfois des hésitations et n'estima pas toujours devoir exercer la plénitude de son pouvoir comme il l'eût peut-être désiré. Fut-ce pour le bien ou pour le mal du pays? On en pourrait discuter. Ce qui est certain, c'est que dans les questions capitales, chaque fois qu'il s'agissait de maintenir intacts les droits du Trône ou de défendre l'honneur de la Patrie, l'Empereur fit toujours preuve d'une fermeté de caractère remarquable et qu'il restera seul fidèle jusqu'à sa dernière heure au serment qu'il avait prêté à la Russie. Plutôt que de plier, il s'offrira sublimement en holocauste.

Quant à la suite dans les idées, il en donna une preuve éclatante précisément dans la question agraire. Trompé par ses ministres et ses conseillers sur les intérêts et les sentiments du pays, il différa momentanément l'exécution de ses projets. Mais dès qu'il aura découvert dans Stolypine un homme de valeur capable de réaliser ses intentions généreuses, il le chargera, en 1907, de la réforme tendant à faciliter aux paysans l'acquisition de la propriété foncière individuelle. La commune rurale va enfin être ébranlée.

Que fera la « société »? Dans les milieux radicaux, ce sera une levée générale de boucliers contre Stolypine lorsque celui-ci commencera à mettre en pratique l'accès des paysans à la propriété individuelle. C'est que les ennemis de la Russie, ceux de l'intérieur comme ceux du dehors, ont compris que la commune rurale est la clé de la révolution, sa condition nécessaire. Car, si la terre devient la propriété de ceux qui la cultivent, le peuple russe se fortifiera rapidement, les idées révolutionnaires n'auront plus de prise sur lui et il deviendra inattaquable. De là la haine de la « société » contre Stolypine, le sabotage de ses réformes, l'animosité contre la noblesse terrienne qui voyait et proclamait la vérité, l'opposition irréductible à toutes les entreprises généreuses par lesquelles l'Empereur Nicolas II s'efforçait d'améliorer la condition de la population rurale.

Une nouvelle campagne se déchaîna: Stolypine fut assassiné. Ses successeurs n'eurent ni l'énergie ni l'intelligence nécessaires pour achever rapidement cette œuvre capitale, dans laquelle l'Empereur Nicolas II avait vu le moyen d'intensifier les forces productrices du peuple et le rendre invulnérable contre l'esprit de révolution. La lutte autour de la commune rurale se poursuivit sans interruption. C'est pour avoir osé porter la main sur elle que Stolypine fut condamné et exécuté. Et c'est parce que l'Empereur Nicolas II avait décidé de détruire la commune pour fonder l'économie rurale sur la propriété individuelle que les ennemis de la Russie, l'Internationale, contribuèrent à faire éclater la guerre et la révolution. Le sort de l'Empire se décida sur les champs de labour des steppes incommensurables sciemment sacrifiés par la bureaucratie et la « société » russes.

La commune rurale, ébranlée mais non détruite, continua à servir les desseins dés ennemis du genre humain en tuant le respect de la propriété, du travail et du droit.

On peut néanmoins prévoir à coup sûr, à mesure que les avantages de la propriété individuelle seront compris, que la brèche pratiquée dans le principe communal par l'Empereur Nicolas II sera un jour largement élargie, et que tôt ou tard, malgré les illusions enfantines des uns et en dépit des calculs misérables des autres, le peuple finira par briser lui-même la commune qui l'entrave pour réaliser ses aspirations vers le droit de travailler et de posséder librement.

L'ADMINISTRATION

Si l'absence de méthode dans la question agraire eut des conséquences néfastes pour le règne de l'Empereur Nicolas II, le défaut d'organisation dans l'ordre administratif ne se fit pas sentir moins lourdement.

Dans l'ancienne Russie, le pays jouissait d'une autonomie locale très large, les questions concernant les affaires locales étaient traitées au sein d'assemblées dénommées « chambres de Zemstvo » dont le concours fut maintes fois précieux au pouvoir central. Suivant la parole de Golokhvostov dans son étude sur *Le Zemstvo au temps des troubles*, cette institution « dont le nord-est avait été doté par le Tsar Ivan le Terrible, fonctionnait admirablement avec son impôt sur le revenu, son cadastre, ses disponibilités monétaires; elle était riche, indépendante et fidèle à l'Autocratie et lorsque le pays fut envahi par Wladislas (1), elle sut faire l'entente des districts et des villes, enfanta un Minine qui sauva le pays des Polonais et des maraudeurs;

---

(1) Prince polonais, prétendant au trône de Moscou, à l'époque du Grand Interrègne.

elle fit porter au trône la dynastie des Romanov et la fortifia pendant longtemps dans ses assemblées régionales ».

En fixant à Pétersbourg le siège de sa capitale, Pierre 1er priva la province de son indépendance. De son côté, Catherine II affermit la prépondérance de Pétersbourg et négligea la population rurale. Celle-ci rappela son existence lors du soulèvement de Pougatchev, dont la *malchance* fut d'avoir pour alliés dans la coulisse les Anglais au lieu des Allemands. A son tour, Alexandre 1er oublia qu'en 1812, comme au temps de l'Interrègne, ce n'est pas Pétersbourg mais la force vive des provinces qui sauva la Russie. Et le centre continua de se développer au détriment de la province qui fut gouvernée à coup de circulaires sans guère tenir compte des véritables besoins locaux.

Il en fut ainsi jusqu'en 1865. Conscient des inconvénients, dans un pays comme la Russie, d'une centralisation devenue exagérée, l'Empereur Alexandre II décida d'y remédier dans une certaine mesure en rétablissant l'institution du Zemstvo. Chaque district, « ouièzde », fut doté d'une assemblée délibérative élue par la population locale, — propriétaires fonciers, paysans, citadins, — dont la compétence s'étendait à l'instruction primaire, à l'hygiène sociale, à l'organisation agricole, à la sélection des semences, à l'assistance publique, etc., avec le droit de percevoir des taxes municipales. Les réunions

étaient présidées par le Maréchal de la noblesse
du district; l'administration proprement dite
était confiée à un organisme permanent, dit Ou-
prava, responsable devant le Zemstvo. A leur
tour, les Zemstvos de district élisaient dans leur
sein des délégués dont la réunion au chef-lieu de
la province ou du gouvernement, « goubernia »,
formait le Zemstvo Goubernial, délibérant sur
l'enseignement secondaire, les hôpitaux, la voie-
rie, les assurances, la statistique, etc.

Cette réforme, qui réalisait un sensible progrès
sur le passé, ne tarda pas à donner d'excellents
résultats. Les Zemstvos, surtout ceux de district,
se mirent à l'œuvre avec ardeur; ils réunirent
rapidement des fonds et créèrent un grand nombre d'établissements d'utilité publique, entre
autres des écoles où l'enseignement fut donné
gratuitement, de même que les soins médicaux
et les médicaments.

Mais ce succès ne fut pas du goût de la bureaucratie qui craignait que le Zemstvo n'acquît trop
d'influence. Elle s'ingénia à en restreindre les
droits et s'efforça d'en entraver le développement par tout un ensemble de dispositions légis-
latives et fiscales aussi mesquines que mala-
droites.

C'est à son instigation qu'au lieu d'élargir
l'autonomie locale rétablie par son père et de
poursuivre progressivement la décentralisation
administrative, l'Empereur Alexandre III créa, à
titre d'essai, un nouveau rouage, le Zemski Nat-

chalnik, nommé par le Gouverneur de la province et qui cumulait les fonctions de juge de paix avec celles d'administrateur du canton. Alors que le district aurait eu grand besoin d'un organe coordonnant et dirigeant les divers services administratifs et économiques, on plaçait dans les subdivisions territoriales des fonctionnaires de l'Etat, indépendants du Zemstvo de district et qui, relevant directement du Gouverneur de la province, se préoccupaient bien plus des instructions du Département de l'Intérieur que des intérêts réels de la vie rurale.

La nouvelle institution fut d'abord assez bien accueillie par la population. Mais les fonctions multiples et absorbantes de Zemski Natchalnik, médiocrement rétribuées, n'attirèrent pas de candidats de valeur. Ceux des éléments provinciaux dont le concours eût été par contre précieux à la gestion des affaires locales, se rendirent compte que, sans pouvoir s'appuyer sur la force vitale du Zemstvo de district et sans en recevoir les directives motivées, les emplois dont il s'agit ne leur permettraient pas de rendre de véritables services, Le recrutement laissa donc beaucoup à désirer. La réforme ne prit pas racine. Elle eut principalement pour effet d'accroître en province les cadres de la bureaucratie.

Vers 1890, la question fut remise à l'étude. Pendant plus de dix ans, les commissions Kakhanov et Pazoukhine discutèrent sur les moyens d'améliorer la situation. Un moment, à la demande des organisations provinciales, il fut question de la création d'un Ministère des Zemstvos. Mais la bureaucratie veillait et poursuivait une lutte mesquine et indigne contre ces institutions. Plutôt que de collaborer au bien du pays avec les Zemtvos de district, — qui jusqu'à la fin du XIXe siècle restaient animés d'un esprit d'ordre et grâce auxquels la paix régnait dans les campagnes, — elle mit tout en œuvre pour paralyser leur action et favorisa à leur détriment les Zemstvos de Goubernie qui étaient moins près de la population et dont elle comptait faire des instruments plus malléables.

De la part de la classe dirigeante, jalouse de garder son influence, ce fut un crime impardonnable que d'avoir érigé une barrière entre le Souverain et les éléments provinciaux, en combattant comme nuisible l'idée toujours vivace de l'autonomie régionale.

L'autonomie, c'est la Russie terrienne, la Russie autrefois si prospère des cités libres de Pskoff et de Novgorod; c'est le désir, la soif des éléments ruraux de prendre part aux affaires publiques, à leurs risques, mais pour le bien du pays et du Souverain. On en a vu un exemple récent en Sibérie où la population avait résisté avec plus de succès à l'emprise de la bureaucratie et avait créé une puissante organisation économique dans les fins fonds des steppes et des forêts vierges. Et toute la Russie terrienne désirait ardemment ce qu'on appelait brièvement la décentralisation. On aspirait au travail, à l'ordre, à la liberté du commerce, à une législation économique locale,... et à l'autorité.

Depuis 1894, des voix de plus en plus nombreuses réclamaient la réforme des institutions locales, l'élargissement des pouvoirs de la paroisse et du district, la création de chambres de conseils, « soviets », pour les goubernies et territoires administratifs, sous la direction et le contrôle législatif du centre de l'Empire. Mais, en réalité, il n'existait pas à Pétersbourg d'organe central effectivement dirigeant et capable d'assurer l'affermissement de la Monarchie. Au contraire, le perpétuel désaccord entre les différents départements de l'Etat conduisait tout droit à l'usure de l'Autocratie.

Quant à la Russie provinciale, privée de droits et de subventions, elle se débrouillait tant bien que mal par ses propres moyens. Lentement, elle créait et progressait, constituant la force saine et conservatrice sur laquelle pouvait s'appuyer l'autorité impériale. Mais à la longue, devant la méfiance grandissante de la bureaucratie et les entraves que celle-ci dressait de plus en plus sur sa route, elle se replia sur elle-même, tout en gardant l'espoir jamais éteint de voir revivre la solide organisation autonome dont elle avait été dotée par Ivan le Terrible.

Quoique, depuis son avènement, on ne cessât de représenter au jeune monarque que la province « n'était pas sûre », que l'autonomie régionale était en opposition avec les intérêts de l'Empire ainsi qu'avec la lettre et l'esprit des Lois Organiques, que le Zemstvo par son essence même était incompatible avec l'Autocratie, l'Empereur Nicolas II ne pouvait cependant se résoudre à rompre avec le régime instauré par ses ancêtres. Il avait bien conscience qu'une réforme de l'administration locale était nécessaire et, sur son ordre, le ministre Plévé chargea l'auteur de ces lignes d'élaborer un projet de loi sur la réorganisation des paroisses, la création de Natchalniks ou chefs de district, l'institution de conseils d'arrondissements et de diètes provinciales. C'était en avril 1904. Une commission devait se réunir à cet effet en septembre. Dans l'intervalle, Plévé fut assassiné. Ses successeurs abandonnèrent le projet.

Deux voies s'offraient à la Russie : l'autonomie régionale ou le parlementarisme. La première était dans l'air. Mais, à part quelques fanatiques de la presse de droite, personne n'osait poser ouvertement la question. La bureaucratie n'admettait pas qu'on touchât au régime pour le réformer, et qu'on permît au pays de s'administrer lui-même ; elle préféra tolérer la réunion de députés qui semèrent le désordre et permit ainsi qu'on s'acheminât à grands pas vers la catastrophe.

La bureaucratie et la « société » l'emportèrent : le régime parlementaire vint parachever la centralisation bureaucratique. Witte et ses partisans préférèrent contracter des emprunts et tirer un milliard du monopole de l'alcool plutôt que d'accroître largement la productivité du travail en donnant au pays l'autonomie économique et administrative. La Douma poursuivit l'œuvre de centralisation et l'idée d'autonomie régionale fut enterrée. De même que dans la question de la commune rurale, la bureaucratie se mit pendant un demi-siècle en travers de la route conduisant à l'autonomie et prépara ainsi les événements de 1917. A partir de 1905, les bras du Pouvoir sont liés par le Parlement qui empêche les forces nationales de prendre leur essor en province : la « société » et le parti de l'Occident sont triomphants.

Ce n'est qu'en 1915 que l'Empereur, reconnaissant la gravité de la situation créée par la faute de son entourage, donna son approbation au projet présenté par la noblesse de Saratoff C'était entrer résolument dans la voie du salut.

Alors une véritable conspiration se forma pour empêcher le Souverain de s'adresser directement à la Terre. On craignait qu'il n'accordât l'autonomie régionale tant désirée, ce qui aurait eu pour effet d'affermir considérablement le pouvoir suprême et de donner en même temps à la Russie nationale la force de résister à la révolution. On l'a bien vu après 1917. Les territoires qui s'étaient les premiers et le plus longtemps défendus contre le mouvement révolutionnaire étaient les plus éloignés du centre : le Caucase, la Crimée, le Turkestan, l'Oural, la Kouban, la Sibérie et la Région des steppes. La lutte fut surtout acharnée dans le bassin du Volga. L'esprit qui règne parmi la population de ces territoires est sain, contrairement à la veulerie des régions du centre.

Nous avons le ferme espoir, comme au temps de Wladislas, que, des territoires plongés dans le sang et la misère, monteront les forces qui sauveront le pays. Cet honneur ne reviendra ni aux partis politique ni aux villes, mais à la province et aux villages. Sur quel point de la terre russe se concentreront les éléments qui engageront la lutte libératrice? Il est encore trop tôt pour le dire. Mais il en sera ainsi. Après deux siècles d'égarement, l'histoire comme la vie, de par la force des choses, reprendra son cours, et la Russie, unie dans ses parties vitales, sera de nouveau libre et indépendante. Cela, grâce à la force de la Terre, de la population rurale, trompée et alanguie par l'action néfaste de Pétersbourg.

LA BUREAUCRATIE

Tous les pays ont leur bureaucratie, avec ses qualités et ses défauts, et il serait imprudent de vouloir les juger en bloc. D'une manière générale, on peut dire que l'esprit bureaucratique est plus ancré dans les pays à régime républicain que dans les pays monarchiques. Mais la bureaucratie russe présente des particularités qui lui sont propres et qui la rendent très différente de celles des autres États européens.

La capitale de la Russie, fondée, peut-être avec intention, à l'extrémité de l'Empire, avait attiré à elle une classe sociale particulière, classe privilégiée, fermée, immobile, mais qui n'était pas parvenue à se consolider. Jusqu'au milieu du XIXe siècle, cette classe se recrutait presque exclusivement dans les rangs de la noblesse terrienne. « La Terre, comme on disait alors, considérait comme un devoir et un honneur de servir ».

Mais, à partir de cette époque, la bureaucratie commence à perdre le contact immédiat avec la noblesse foncière et à se recruter principalement parmi les non-nobles ou parmi les nobles sans terres. Dédaignant les intérêts de la noblesse terrienne, la bureaucratie continue cependant à être considérée comme une émanation de cette noblesse; elle-même se prévaut de cette origine lorsqu'elle y trouve avantage, quitte à la renier dans le cas contraire.

Dès lors, la bureaucratie de Pétersbourg, celle des cadres administratifs et celle de la Cour, joue un double jeu. Formant depuis longtemps une classe spéciale, elle se sert à l'occasion de la noblesse à laquelle d'anciens liens la rattachent, sans avoir envers cette dernière de responsabilité d'aucune sorte, et poursuit une politique économique qui lui porte préjudice. De là cette situation fausse de la bureaucratie vis-à-vis du Souverain comme vis-à-vis de la noblesse, et même vis-à-vis de la classe dite d'intellectuels, « intelliguentsia », dans laquelle elle se recrutera plus tard presqu'exclusivement, surtout après 1905.

Pendant tout le XVIIIe et la première moitié du XIXe siècle, la classe des fonctionnaires jouit aux yeux du peuple de l'autorité que lui donne l'e prestige incontesté du pouvoir autocratique. La bureaucratie provinciale est peu nombreuse. Le pays s'administre lui-même et vit de ses propres ressources. La « culture » occidentale, peu à peu, lui apporte la poste, le télégraphe, les moyens de communications. Mais en même temps les rapports avec l'Administration centrale se resserrent. La bureaucratie pétersbourgeoise, s'inspirant des méthodes occidentales, intervient de plus en plus fréquemment dans la vie du pays au détriment de l'ancienne liberté, et rogne l'étendue de la compétence de l'administration locale et de l'autorité municipale.

A partir de ce moment, on peut dire que, par son ingérence directe dans les affaires régionales, la bureaucratie centrale endosse toute la responsabilité de la direction que prendra l'histoire nationale. Jalouse de l'influence des organismes locaux et surtout des Zemstvos de district qui fonctionnent avec succès, elle élève à tout propos la prétention de prendre le peuple sous sa tutelle et se révèle en même temps incapable de remplir convenablement ce rôle car elle ne possède ni la force, ni la science, ni l'esprit de méthode, ni, surtout, le patriotisme nécessaires.

La bureaucratie se donne pour but d'européaniser les Russes, de russifier les territoires-frontières et d'introduire dans le pays les principes du capitalisme, tout en maintenant la commune rurale. C'est le chaos des conceptions dans lequel le pays s'empêtre de plus en plus. Les conditions ethnographiques, géographiques et sociales de la Rusie diffèrent tellement de celles des autres pays que les procédés et les poncifs occidentaux demeurent sans effet sur l'existence du peuple. On fait ce qu'il ne faut pas et on ne fait pas ce qu'il faut : la Russie de Gogol et de Derjavine reste telle qu'ils l'ont dépeinte, mais l'esprit foncièrement sain dont elle était animée, s'altère rapidement.

Si l'ancienne bureaucratie avait produit un grand nombre d'hommes d'Etat remarquables,

c'est parce qu'elle possédait une homogénéité
d'origine et de formation grâce à laquelle elle
pouvait, appuyée sur l'autorité impériale, apporter au Souverain un concours efficace à la conduite de la Russie, lentement mais sûrement, dans
la voie du progrès. Mais, vers la moitié du dernier siècle, sa physionomie se modifia brusque-
ment : elle crût en nombre et, au lieu des anciens
éléments plus ou moins fortunés, généralement
dévoués à la Monarchie, elle fut peu à peu en-
vahie par un nouveau type de fonctionnaire, l'intellectuel sans patrimoine, en quête d'un sa-
laire. Dès lors, on ne sert plus le pays « par
conscience », comme autrefois; on court après
les emplois pour en tirer d'abord le profit personnel. Les sangsues qu'on trouvait parfois dans
les petites villes font place à des requins de
grande envergure qui s'installent dans les administrations centrales.

La bureaucratie assume plus de charges qu'elle
ne peut et ne devrait endosser : elle s'accroche
obstinément à l'autorité impériale, mais elle
tend en même temps à s'en attribuer les prérogatives, d'abord dans des affaires de moindre
importance; peu à peu, elle élabore un véritable code conférant à l'administration des droits
absolus; elle abuse constamment du nom de
l'Empereur et contribue systématiquement à
« user l'Autocratie » en creusant progressivement un abîme entre le Souverain et la Nation.
Présentant chacun de ses actes comme une ma-

nifestation de la volonté impériale et se couvrant de l'autorité du Souverain, elle s'efforce en même temps de se ménager un soutien dans la société. C'est ce qui donne le droit de dire que la bureaucratie russe doit être justement condamnée pour avoir joué constamment un double jeu qui confine à la trahison.

C'est, en effet, aux agissements de la classe dirigeante cinquante ans durant, que sont dûs les événements qui désolent actuellement la Russie. Repliée sur elle-même et veillant jalousement à ce qu'aucune influence extérieure ne puisse entrer en contact avec le pouvoir suprême, la bureaucratie s'était privée sciemment du concours des organisations locales sans lequel il lui était impossible de mener à bien la tâche qu'elle avait assumée, tant dans l'ordre économique que dans l'ordre administratif. Aussi la vit-on changer de politique avec une incohérence qu'on peut qualifier d'hystérique. A force d'affirmer que « l'Etat, c'est nous », elle finit par faire assimiler l'autocratie à la bureaucratie, ce qui permit aux radicaux d'attaquer non pas le fonctionnarisme, mais le régime lui-même en faisant découler les actes des fonctionnaires de la volonté du Souverain. Elle finit même par révolter les partisans les plus dévoués de la monarchie qui se rendaient compte que ces abus finiraient par porter fatalement atteinte au prestige de l'autorité impériale.

Le commencement du XIX⁰ siècle marque une nouvelle étape dans le recrutement de la bureaucratie. Une foule d'aventuriers et d'intellectuels à opinion radicales pénètrent dans les cadres administratifs et jusque dans certains services de la Cour. La bureaucratie, naguère encore imbue de son indépendance, se confond entièrement avec les milieux de la « société » qui l'avaient toujours combattue. En 1905, des fonctionnaires se mêlent aux manifestants de la rue. Les militaires se lient avec la « société » civile et beaucoup d'entre eux professent les mêmes opinions que celle-ci. Par sa duplicité, par la mesquinerie de ses querelles internes, par l'injustice de sa lutte contre la province, la classe dirigeante prête le flanc à toutes les critiques et à toutes les attaques dont elle est impitoyablement l'objet. Incapable de se défendre, elle se retourne lâchement contre le souverain auquel elle doit tout ce qui fait sa force et son autorité.

Il y avait bien encore au sein de la bureaucratie et de la « société » des éléments consciencieux et capables, intègres et fidèles aux anciennes traditions. Mais ils devenaient de plus en plus rares, vieillissaient et, impuissants à réagir contre une politique qu'ils réprouvaient, ils restaient dans l'ombre.

Au milieu de cette foule pusillanime et incolore, surgit la figure de Stolypine qui, après avoir courageusement amorcé la réforme agraire, meurt en défendant le Tsar et la Russie et jette ainsi un dernier éclat sur l'ancienne classe des serviteurs de l'Etat.

Après lui, le gouvernement n'est plus guère épargné que par la noblesse provinciale qui, loyale envers le Souverain, formule ses critiques sur un ton modéré et conciliateur. Mais sa voix est étouffée par les dirigeants eux-mêmes qui craignent son influence et empêchent ainsi les forces dévouées à la Monarchie de s'affermir et de s'unir.

Quant aux rares conservateurs qui, dans la presse de droite — d'ailleurs peu répandue — soutenaient encore le gouvernement, ils voyaient l'impuissance de ce dernier, son opportunisme, ses erreurs et ses abus, son incompréhension systématique des saines aspirations des paysans et des organisations locales et surtout son incapacité à défendre le Monarque et le régime; ils se prononcèrent à leur tour contre la bureaucratie qui, par sa faute, perdit ses derniers partisans. Dépourvue d'autorité, sans racines dans le peuple, la caste bureaucratique inclina vers le radicalisme.

Partout, à Pétersbourg, jusque dans les premiers rangs, apparaissent des gens nouveaux. Sans lien entre eux, ils ne forment pas une classe : c'est une cohue d'ambitieux qui n'ont en vue que leur carrière. Ils s'inclinent à droite comme à gauche, sont tantôt conservateurs et tantôt libéraux. Prêts à complaire à tous, ils font une politique qui ne satisfait personne, une politique stérile, sans plan préconçu. Or, derrière la politique, il y a l'Histoire qui ne compte qu'avec le

Monarque. Tous les chemins étant obstrués par la bureaucratie et la « société », l'histoire, forcément, subit en 1905 un temps d'arrêt.

Alors surgit une nouvelle excroissance bureaucratique, le Parlement, qui renforça la centralisation, aggrava le chaos, ébranla l'autorité, détruisit la force vitale de la Monarchie. Et la Russie, privée de ses protecteurs légitimes, fut entraînée sur la pente qui devait la conduire à la ruine.

La bureaucratie, dont la décomposition commença vers la fin du XIXe siècle, était définie par les uns comme une enceinte fortifiée pour protéger le Pouvoir, et par les autres comme un mur séparant celui-ci de la Nation. En réalité, elle ne fut qu'une haie fragile que la « société » enjamba facilement pour s'attaquer à l'autorité impériale. Et la « nouvelle bureaucratie », celle que ladite « société » créa elle-même à son image en 1917, se révéla encore plus incapable que la précédente d'assurer le gouvernement du pays.

Une dernière tentative fut faite pour rétablir la bureaucratie à l'arrière des armées blanches.

A Oufa comme à Omsk, à Riga, à Arkhangelsk, et en Crimée, la « société » se montra impuissante à exercer le pouvoir et échoua misérablement pour avoir eu l'audace de se croire capable de sauver la Russie sans le Tsar.

Quant à l'ancienne bureaucratie, la plupart de ses membres sont réfugiés à l'étranger où ils végètent dans la désunion, sans qu'aucun d'entre eux puisse faire entendre une voix autorisée, même dans les pays qui éprouvent de la sympathie pour la malheureuse Russie. La classe autrefois dirigeante ne jouit plus nulle part du moindre crédit, ce qui prouve que le monde ne comptait avec nous qu'à travers le Monarque.

Depuis trente ans, la bureaucratie et la « société » avait cessé d'être distinctes. Le même esprit, les mêmes intérêts, les mêmes mœurs en avaient fait un organisme homogène. La lutte que la bureaucratie feignait de soutenir contre la Douma et contre la « société », n'était qu'une comédie. Et si la Douma fut incapable en l'espace de dix ans d'élaborer la moindre loi créatrice et ne sut qu'aboutir à l'effondrement de 1917, de son côté le gouvernement bureaucratique ne produisit — en dehors de Stolypine — aucun organisateur, aucun défenseur du régime contre les attaques répétées de la Douma et de la « société ». La bureaucratie ne sut ni repousser ces attaques ni reconnaître ses fautes.

La classe dirigeante sur laquelle s'appuyait l'Empereur Nicolas II se révéla impuissante et infidèle.

LA «SOCIÉTÉ»

L'Empereur Nicolas II pouvait-il, pour le succès de ses desseins, s'appuyer, en dehors de la bureaucratie, sur les différentes classes sociales? Il le pouvait, non seulement parce qu'il connaissait les bonnes dispositions que ses ancêtres avaient toujours trouvées dans le peuple, mais parce qu'il voyait la joie sincère qui l'accueillait lui-même chaque fois qu'il paraissait en public, il savait pouvoir compter sur le dévouement de l'armée et de la classe paysanne. Les allogènes eux-mêmes, surtout ceux du sud et de l'est, lui étaient fidèles; et si la Pologne et la Finlande renfermaient des éléments hostiles, elles restèrent cependant loyales jusqu'au bout.

Aussi l'Empereur s'efforçait-il de donner satisfaction aux aspirations raisonnables du peuple. A cet égard, il ne faisait pas de distinction entre les différentes classes sociales, et on aurait tort de croire, par exemple, qu'il ait jamais favorisé la noblesse par des privilèges spéciaux, ce que celle-ci, en tant que corporation et prise dans son ensemble, ne demandait d'ailleurs pas.

Malheureusement, il existait entre le Souverain et la noblesse un malentendu. La noblesse bureaucratique de la capitale n'avait plus rien de commun avec la noblesse terrienne; l'esprit qui l'animait était tout différent. Mais un lien superficiel subsistait entre elles, provenant du fait qu'un certain nombre de fonctionnaires titrés continuaient à venir en province prendre part aux délibérations du Zemstvo. C'est ainsi que des bureaucrates furent admis dans l'Union de la Noblesse fondée en 1906 où ils exercèrent une influence plutôt dissolvante.

La noblesse terrienne eut le tort de ne pas se déssolidariser complètement de ceux de ses membres qui exerçaient des fonctions publiques. C'est ce qui explique que la bureaucratie ait pu induire l'Empereur en erreur sur les sentiments de la noblese terrienne qui, elle, lui restait entièrement dévouée. Sur 39 assemblées nobiliaires, on n'en comptait pas deux où dominât l'esprit d'opposition; pour les autres, onze étaient raisonnablement libérales et 26 conservatrices sans réserve.

Mais le gouvernement et la presse faisaient le silence autour des délibérations et des propositions de ces assemblées. C'est ainsi que les résolutions d'une importance historique adoptées en 1894 par la noblesse de Saratoff et plus tard par celles de Toula et de Koursk, ne trouvèrent aucun appui ni écho. Et pourtant ces assemblées continuèrent jusqu'en 1917 à exprimer à l'Empereur autocrate leurs sentiments de fidélité.

A plusieurs reprises, l'Empereur eut la pensée

de consulter la noblesse et les Zemstvos. Chaque fois, les membres du gouvernement l'en dissuadèrent. Ces consultations auraient eu une grande influence sur les conditions de la vie du pays et auraient été de nature à rendre impossibles les conspirations de 1904 et de 1917. On n'aurait pas vu un prince Troubetzkoï, un comte Goudovitch et d'autres maréchaux de noblesse sympathiser avec le congrès arbitrairement convoqué par un Chipov, ni un comité de 21 maréchaux se réunir, également à l'insu de la noblesse, pour soutenir Witte et le radicalisme.

Malgré la protestation de 12 autres maréchaux de noblesse qui se déclarèrent partisans de l'autocratie et des réformes économiques, les agissements du groupe Chipov-Troubetzkoï éveillèrent chez l'Empereur de la méfiance à l'égard de toute la classe nobiliaire qui, cependant, n'avait donné aucun mandat à ces représentants et avait été trompée elle-même. Vers 1910, toutes les assemblées de noblesse accusent un notable revirement à droite. Toutefois, des doutes persistent chez l'Empereur qui se rappelle la séance de Péterhof où le grand-duc Vladimir-Alexandrovitch et des dignitaires de la bureaucratie avaient formulé contre la noblesse une accusation générale et injuste, et qui était restée sans démenti.

Or, s'il est vrai qu'à la tête de l'organisation qui, en 1904, complotait contre le régime, se trouvaient des membres de l'aristocratie bureaucratique de la capitale ainsi que des membres de la noblesse et du Zemstvo, il est juste de préciser que ces membres n'avaient été mandatés par personne et que la noblesse terrienne, comme classe sociale, ne fut l'objet d'aucune consultation.

La Gironde russe nobiliaire se distingua par une grande souplesse : elle changea souvent de couleur. Lorsque des incendies de fermes et d'habitations seigneuriales éclatèrent, elle se lamenta, demanda à être défendue et se rabattit sur l'Union de la Noblesse. Plus tard, elle s'efforça de pénétrer dans la Douma et au Conseil de l'Empire, et se mit de nouveau à intriguer et à corrompre. En 1915, elle adhéra au fameux « bloc », premier signal de la révolution. Et c'est dans ses salons, plus que partout ailleurs, que se répandit la calomnie contre l'Empereur et que des préparatifs se firent d'un coup d'Etat. Quant aux gens du monde irréprochables et fidèles à la Monarchie, ils se taisaient.

La noblesse terrienne fut trompée, c'est vrai. Mais sa faute fut de n'avoir pas su se séparer absolument de la bureaucratie et de n'avoir pas rejeté de son sein les éléments qui la compromettaient. Postée en sentinelle dans les provinces, elle remplit jusqu'au bout tout son devoir en servant l'Empereur et la nation ; elle s'acquitta de façon exemplaire de sa tâche économique et fournit un travail honorable dans les Zemstvos. Elle n'en fut pas moins la première victime de la conspiration et de la trahison de la « société ». Dispersée dans les districts et goubernies et incomplètement représentée dans l'Union de la Noblesse, elle ne put faire entendre sa voix et fut de toutes les classes celle qui eut le plus à souffrir de la Révolution.

Pas plus que la noblesse terrienne, la classe des marchands n'avait à sa disposition aucun moyen de se faire entendre. Dans tout le pays et en partie dans la capitale, il y avait des milliers et des milliers de commerçants attachés à leurs traditions, — surtout parmi les Vieux-Croyants — qui demeuraient inébranlablement fidèles au régime et ne prenaient aucune part ni à l'opposition ni au mouvement insurrectionnel.

L'Empereur Nicolas II était animé de bienveillance à l'égard de ces représentants d'une branche importante de la vie économique russe. Malgré sa réserve habituelle, il leur témoigna souvent des marques de mansuétude. Mais personne ne les consultait, personne ne se souciait de les organiser d'une manière rationnelle. La bureaucratie s'en désintéressait complètement.

Cette mise à l'écart est d'autant plus regrettable que la classe de la bourgeoisie marchande constituait, avec la noblesse foncière, l'élément le plus sain de la société russe. Il est même permis de présumer que c'est dans les éléments de ces deux classes restées dans les provinces que survivra le souvenir de Minine et de Pojarski et que c'est de là que sortira un jour la force qui mettra un terme aux épreuves du peuple russe.

On ne peut en dire autant des industriels, surtout des richissimes usiniers de Moscou, ni des couches nouvelles qu'on désigne en Russie sous le nom d'intellectuels, « intelliguentsia », qui ont toujours et inlassablement travaillé au succès de la révolution.

Sous le régime monarchique, l'industrie était comblée de faveurs et, si l'on compare sa situation à celle de l'agriculture, on constate qu'elle était particulièrement privilégiée. En dépit de cela, on voyait les grands industriels observer invariablement une attitude d'opposition, pencher du côté de « l'intelliguentsia », soutenir les partisans de la révolution politique ; les Morozov, les Riabouchinski, les Konovalov marchaient la main dans la main avec les politiciens d'avant-garde, les Goutchkov, les princes Lvov, les Sytine, les Astrov, qui, par le canal d'une presse dévouée montaient les esprits contre la Monarchie et contre la personne de l'Empereur Derrière eux, se tenait la finance européenne, la bourse, les banques, les spéculateurs, les étrangers, les Juifs, les universitaires, la presse d'information, le monde artistique, jusqu'aux théâtres de caveau et aux cabarets de nuit. De même que les cercles et les restaurants de Pétersbourg, les fastueux lieux de plaisir de Moscou sont témoins des attaques contre le pouvoir et des calomnies les plus basses contre le Souverain.

La police, tout occupée à la poursuite des agitateurs qui se tiennent dans l'ombre, laisse agir au grand jour les conspirateurs titrés et haut placés de la capitale ainsi que les richards moscovites qui fomentent la révolution.

Or, si les potentats de la grande industrie affichaient des opinions radicales, ils n'en faisaient pas moins preuve d'une hostilité systématique aux mesures humanitaires que le Pouvoir prescrivait dans l'intérêt de la population ouvrière.

L'Empereur Nicolas II s'efforçait d'améliorer la situation de cette population dont les défectueuses conditions d'existence lui étaient connues. Sous son règne, la législation sociale russe fit de grands progrès et dépassa même à certains points celle de beaucoup d'Etats occidentaux. Il prescrivit à Witte et au ministre du commerce Timiriazev de ne pas s'arrêter dans cette voie et d'étudier l'application de certaines dispositions nouvelles de la législation allemande. « Le sort des ouvriers me tient particulièrement à cœur », déclara-t-il un jour au représentant de la province de Toula, et en effet il recherchait les moyens d'améliorer leur situation.

Mais la bureaucratie n'en avait cure. C'est sans ardeur comme sans conviction qu'elle s'aventurait sur ce terrain. Et comme, malgré leur radicalisme, les industriels se refusaient à faire des concessions, les ministres n'insistaient pas, dans la crainte de les mécontenter.

Le nombre des ouvriers employés dans l'industrie était infime par rapport à l'importance numérique de la classe paysanne, mais ils étaient groupés dans des centres importants. La « société » promettait de leur donner « son » gouvernement humanitaire qui leur ouvrirait le paradis. Excités et conduits par des intellectuels, ils se mirent en grève, dressèrent des barricades et finirent par enseigner à leurs camarades occidentaux la manière de faire triompher la révolution.

C'est surtout « l'intelliguentsia » qui, dédaignant le côté économique de la question ouvrière, s'efforça d'organiser les masses dans un but nettement révolutionnaire. Depuis les prêches du comte Tolstoï jusqu'aux odieux ouvrages de Gorki, partout elle annonce l'évangile sans dieu de la révolution. Elle a la prétention d'éduquer le peuple et de « l'élever » jusqu'à elle. Mais elle-même ne sort pas du peuple : elle est une émanation des « garnis » des villes et recouvre le peuple d'une couche extérieure. Dostoïevski l'a bien jugée. Pour lui, libéral, et « intellectuel » sont synonymes de « race d'esclave », c'est une « excroissance » sur la nation. Le génial penseur russe avait averti, mis en garde... mais personne ne l'a entendu.

Les rangs de cette classe ne cessèrent de grossir. Nourrie des erreurs et des calomnies de la parole imprimée de toute une époque, elle s'assimila peu à peu les gens de toutes les conditions, la majorité de la bureaucratie, tous les aristocrates dégénérés, tous les renégats de la noblesse, tous les mécontents. Aussi paresseuse qu'insolente, elle était ivre de rêve socialiste, non parce qu'elle souffrait de privations, — il n'y avait pas de misère en Russie, — mais par instinct de révolte et de destruction. Imbue d'esprit internationaliste et défaitiste, saturée d'éléments allogènes et dirigée par les Juifs, elle se moquait de l'idée de nation, d'Etat, de foi, de jugement de l'histoire. Quant au mot de Monarchie, il la faisait grincer des dents.

L'Empereur n'avait pas de rapport direct avec « l'intelliguentsia ». Mais, suivant attentivement la presse d'opposition, il savait à quoi s'en tenir sur son compte. Il affectionnait la jeunesse studieuse et pardonna beaucoup de ses errements. Les découvertes scientifiques, le mouvement littéraire, musical et artistique l'intéressaient vivement, et il ne laissa jamais passer une occasion d'encourager les sciences et les arts. Il caressait le rêve de relever le niveau de l'instruction générale. A plusieurs reprises, il entretint Witte de ce projet ; mais celui-ci répondait toujours que les ressources de l'Etat ne permettaient pas d'y donner suite.

En ce qui concerne les populations allogènes, elles observaient dans leur ensemble une attitude loyale. « Le grand Tsar blanc » jouissait en Orient d'une autorité incontestable. Les Polonais et les Finlandais eux-mêmes étaient incomparablement plus réservés que la « société » et la population des deux capitales ; ils ne prirent qu'une faible part aux désordres qui se produisirent en 1905 et

en 1917. A part quelques manifestations des partis
politiques, le Caucase resta tranquille jusqu'à la
révolution. Les nationalités du sud et de l'est,
et en général les populations mahométanes,
étaient absolument fidèles.

L'Empereur Nicolas II appréciait hautement
la loyauté des nationalités allogènes. Il refreinait
le zèle de la bureaucratie qui avait tendance à
user de la manière forte, notamment en Pologne
et en Finlande; il réprouvait les idées de certains
organes de la presse qui préconisaient des mesures de répression et de russification forcée.

De tous les éléments allogènes, c'étaient surtout les Juifs qui faisaient preuve d'une hostilité
systématique en déployant une activité agressive dans la presse russe et à l'étranger. Pendant
les dernières années du XIXᵉ siècle, alors qu'on
favorisait le développement hâtif de l'industrie,
l'Etat russe avait besoin d'emprunts et le gouvernement commença à subir l'emprise de la
bourse et de la finance juive. Witte et ses successeurs lièrent la question des emprunts à
celle de l'égalité des droits pour les Juifs. L'histoire de l'accord conclu à Portsmouth par Witte
avec le financier américain Schiff, les promesses
du ministre russe, ses télégrammes à l'Empereur,
sont significatifs à cet égard. Au conseiller d'Etat
Vilenkine, chargé de mission à New-York et à
Paris, les Juifs avaient dit que l'égalité des droits
leur serait donnée par le peuple. Le lien entre
notre politique et la question juive est mani-

feste : la nécessité de contracter des emprunts nous a mis sous la dépendance d'Israël.

L'Empereur était fixé sur cette mainmise ; mais à l'égal des chefs d'Etat de beaucoup d'autres pays, il ne pouvait s'y soustraire ni y pallier. Toutefois, il ne se départit jamais à l'égard des Juifs des sentiments de bienveillance dont il était animé envers tous ses sujets sans distinction de race ou de confession. Il recommanda souvent de lutter contre des velléités de pogroms, et ceux qui insinuent qu'il ne les condamnait pas absolument, ne sont que d'infâmes calomniateurs.

En général, l'Empereur ne manifestait que de la patience et de la clémence à l'égard des éléments fauteurs d'ordre, laissant à son gouvernement le soin de trouver les moyens légaux de défendre le régime.

Mais la bureaucratie n'avait pas de plan de lutte contre la sédition. Elle ne savait protéger l'ordre qu'en abusant des lois martiales, de l'état de siège ou des mesures de sûreté renforcées qu'elle préférait aux moyens légaux dont elle disposait sous forme de Tribunal de la Couronne et des conseils de guerre. La « société » ne sut pas sauver le peuple en le préservant de la propagande de « l'intelliguentsia ».

A la patience et à la clémence de l'Empereur, la « société », la bureaucratie, les ouvriers et « l'intelliguentsia » répondirent par la haine...

Dans la vie sociale et politique de la nation, le

clergé ne jouait qu'un rôle effacé. L'Eglise était un soutien ferme et sûr du trône. Les Monarques, de leur côté, lui ont toujours voué un attachement naturel et sincère. Ils en étaient les gardiens zélés et les vivants inspirateurs, sans pourtant s'immiscer dans sa vie intérieure; ils veillaient à ce que le bureaucratique Synode ne touchât pas aux questions d'ordre religieux. L'Empereur Nicolas II songeait même à rétablir l'ancienne institution des conciles, plus conforme à l'esprit de l'orthodoxie. Aussi la vie ecclésiastique, s'écoulait-elle dans la paix et le respect de la tradition. Sous le régime tsariste, toutes les tentatives de prosélitisme réformiste ou catholique étaient vouées à l'insuccès; l'église orthodoxe ne s'occupait que du spirituel, en se tenant en dehors de toute action politique.

Les besoins de l'Eglise étaient l'objet des fréquentes préoccupations de l'Empereur Nicolas II qui déplorait, notamment, la pauvreté du clergé. Mais il observait toujours une prudence extrême lorsqu'il s'agissait de toucher aux bases de la religion orthodoxe, vraiment belle dans sa simplicité et dans son détachement des choses de ce monde.

Il y avait encore une classe sur laquelle l'Empereur Nicolas II avait toutes les raisons de pouvoir compter. De même que ses prédécesseurs, il s'intéressait avec passion aux questions militaires et avait une véritable prédilection pour l'armée dont les intérêts étaient l'objet constant de sa sollicitude. Aussi considérait-il l'armée comme son meilleur soutien.

Mais l'esprit du temps, le laisser-aller, les idées subversives et les transformations qui s'opéraient dans les différentes classes eurent également leur répercussion sur les traditions, la discipline et la mentalité des éléments militaires.

En 1904, il devient possible qu'un général Grippenberg ose quitter le front de sa propre autorité, qu'un général Stessel se couvre de honte, qu'un bataillon du régiment Préobra-jenski se mutine, que des émeutes éclatent en Sibérie, et d'autres anomalies de même nature.

Pendant la guerre du Japon, il y a bien des généraux instruits et courageux, mais aucun n'a l'étoffe d'un Souvorov ou d'un Koutouzov, d'un Radetzki ou d'un Skobelev; il ne s'y trouve pas de Stolypine-militaire capable de lutter héroïquement et de mourir à son poste « pour le Tsar et la grande Russie ».

Néanmoins, malgré certaines défectuosités, l'armée russe sut se montrer, en 1914, à la hauteur de sa tâche. Le haut commandement fut sans reproche, les officiers de cadres excellents, les troupes admirables. La mobilisation s'effectua d'une façon exemplaire et l'armée allemande se heurta à une résistance à laquelle elle était loin de s'attendre.

Les faiblesses et la dissolution de l'arrière n'échappaient pas à l'Empereur, mais il savait que l'armée méprisait ces turpitudes. Ses troupes étaient, croyait-il, à l'abri des bavardages de « la société » ; au milieu de ses soldats, il ne craignait ni les intrigues ni les propos démoralisants. Il était convaincu que, dans l'armée, l'ordre ne saurait être troublé, et que, devant la menace de l'ennemi envahisseur, le sort de la Russié et son propre sort étaient en de bonne mains.

LA CLASSE PAYSANNE

On peut dire, sans crainte d'exagération, que l'Empereur Nicolas II avait voué le meilleur de son cœur à la classe paysanne, en laquelle c'était la Russie même qu'il aimait; il l'affectionnait au village, dans l'armée et partout où ses vertus frustes mais solides trouvaient l'occasion de se manifester.

On connaît moins bien les sentiments du peuple envers le Souverain. L'âme du peuple, a-t-on prétendu, est indéchiffrable, à travers la brume mystique qui l'enveloppe. Je crois qu'il y a dans ceci trop de littérature. Elle est certainement moins compliquée, cette âme, qu'on ne le dit. Le peuple a l'esprit simple et marqué au coin du bon sens; il tient à la terre et aussi à sa « maison », si l'on donne à ce mot le sens général de foyer, de ménage, de famille. Il est intelligent mais volontiers casanier; il ne voit que difficilement au delà du clocher de son village et ne bouge qu'avec peine. Faut-il se lever, il reste assis; c'est comme un immense grouillement sur la face de la terre. Car ils sont nombreux, ces moujiks, cent millions, et ils s'en doutent.

Chez eux, ils sont incapables d'action. Placés

devant une grande tâche, leurs enfants, les soldats, ont fait voir le contraire. Mais les pères, restaient « assis » dans leur maison, et s'estimaient quitte envers leur devoir en croyant fermement en Dieu et au Tsar, en observant les lois et en payant leurs impôts.

Peu commode à résoudre, cette question du peuple. Campagnard moi-même la plus grande partie de l'année, j'ai été à même d'apprécier les qualités de nos paysans, leur foi robuste, leur bon sens, leurs qualités morales et leur fidélité au Tsar. Jamais ils n'ont failli à cette fidélité. Aucune guerre, aucune calamité ne les a fait murmurer contre l'Empereur. De là aussi la confiance profonde et la fidélité des Tsars pour le peuple.

Et les Souverains avaient raison d'avoir confiance dans la classe paysanne. Elle seule trouvait dans sa nature, dans son mode d'existence, dans son passé et dans sa foi les éléments d'une conscience élevée. Si la « société » avait pu être autre et si la bureaucratie avait su réaliser en temps voulu les modestes aspirations du peuple en lui donnant accès à la propriété, l'histoire russe aurait pris une autre tournure et le pays ne serait pas en ruines aujourd'hui.

Quelque paradoxale que paraisse cette assertion, je prétends que le paysan russe était plus libre que dans aucun autre pays. Sa liberté n'avait de limites que dans la commune rurale. Cette liberté lui fut donnée tardivement, mais c'est l'Empereur Nicolas II, et nul autre, qui la lui avait octroyée. Une lutte intérieure véritablement tragique s'était livrée à cette occasion dans l'esprit de l'Empereur; ceux-là seuls auxquels il a été donné de l'entendre exposer ses vues sur la question paysanne et d'admirer la profondeur avisée de ses pensées, savent combien cette lutte lui était douloureuse. Il appréhendait en effet la dépossession des paysans et c'est cela qui le rendait hésitant.

L'affection de l'Empereur Nicolas II pour les paysans continuait la tradition de tous ses prédécesseurs au cours du XIXe siècle. Ce sentiment était sincère et n'avait jamais faibli.

Mais, demande-t-on à l'étranger, surtout depuis quelques années, les Tsars sont-ils du même sang que leur peuple?

Il paraît qu'au début de 1915, dans les milieux diplomatiques de Pétersbourg, circula une anecdote suivant laquelle, pour démontrer que le sang qui coulait dans les veines de l'Empereur Alexandre 1er n'était russe que dans une faible proportion, Pouckhine aurait eu un jour la fantaisie de mélanger un verre de vin successivement avec plusieurs verres d'eau jusqu'à ce que le mélange se transformât en un liquide incolore. Cette anecdote, jusqu'alors inconnue en Russie, imaginée peut-être par les politiciens du « bloc » et colportée sans doute par les « informateurs habituels » des Ambassades, semble avoir eu beaucoup de succès et produit une si vive impression que le représentant d'une grande Puissance alliée se serait donné la peine de poursuivre consciencieusement, à cent ans de distance, la prétendue expérience de Pouchkine, et aurait été amené à constater que l'Empereur Nicolas II, lui, n'avait plus qu'une proportion « infinitésimale » de sang russe. Alors?...

Alors, voici : il est exact que, depuis plus d'un siècle, les Empereurs de Russie avaient cessé de prendre épouse parmi leurs sujettes. Est-ce un bien, est-ce un mal? Là n'est pas la question. Nul n'ignore — ou ne devrait l'ignorer — que, pour des raisons d'ordre politique, il en est ainsi dans la plupart des familles régnantes. Michelet n'a-t-il pas dit que les rois de France étaient toujours « fils d'étrangère »? Ce qui est certain, c'est que l'Empereur Nicolas II était fils, petit-fils et arrière-petit-fils de Tsars qui avaient montré au monde qu'ils étaient des Souverains parfaitement nationaux et que rien n'autorise à considérer les chefs de la dynastie des Romanov comme des métèques qui changent de nationalité à chaque génération.

On peut même affirmer que, par hérédité autant que par éducation, l'Empereur Nicolas II incarnait l'un des types russes les plus achevés, dans ses faiblesses comme dans ses qualités. Ceux qui l'avaient approché sans arrière-pensée de dénigrement, l'avaient toujours trouvé simple, bienveillant, modeste, réfléchi. Il n'aimait pas la grandiloquence et avait horreur du théâtral;

mais il fallait l'entendre discuter avec chaleur des questions intéressant les populations rurales, apprécier les beautés du Caucase et des côtes de la mer Noire, les richesses de la petite Russie, des plaines méridionales, de la région des Steppes, de l'Oural, de la Sibérie, du lac Baïkal et de l'Extrême-Orient! Rempli d'admiration pour la grandeur de la nature russe, il inculquait à ses enfants l'amour de leur pays qu'il connaissait si bien, et de son peuple avec lequel il se sentait en parfaite communion de sentiments et d'idées.

Cependant, l'Empereur ne recherchait pas la popularité, comme le faisaient et le font encore les monarques contemporains, sans même parler des chefs des démocraties. Et ni les astucieuses objections de Witte, — qui détestait son Souverain parce qu'il se heurtait en lui à une volonté plus ferme que la sienne, — ni les menaces de Kutler ne purent le détourner de son attachement au principe de la propriété individuelle et à son désir de l'affermir davantage. Au cours de la sédition de 1905, il refusa, fût-ce pour sauver la Couronne, de porter atteinte au droit de propriété par un abandon aux paysans des 36 millions de déciatines de terres appartenant à des nobles et à des particuliers. En Russie, où il existe près d'un milliard de déciatines de terres libres, il ne pouvait être question de pénurie et l'Empereur ne voulut pas se prêter à un acte de spoliation aussi insensé qu'illégal et qui n'avait même pas l'excuse d'être une solution.

Le bon sens du peuple ne tarda pas à le comprendre. Après les désordres agraires qui avaient éclaté dans le bassin du Volga en 1905, les paysans mirent eux-mêmes fin à l'émeute. Et malgré tous les obstacles soulevés par la Section agraire du Ministère de l'Intérieur, les paysans, apaisés dès 1906, suivirent le mouvement de migration vers les steppes et la Sibérie en masses d'un demi-million d'individus par an.

Mais, entre l'Empereur et le peuple, un voile de plus en plus épais se tend, par les soins de la bureaucratie qui s'approprie les droits du Souverain, et par ceux du parlement qui ne représente ni la population rurale ni les intérêts du pays mais seulement les convoitises des partis.

Il avait fallu pour fausser l'esprit du peuple et l'entraîner dans l'abomination de l'Internationale, imaginer quelque chose d'énorme. Le plan de la conspiration avait été bien combiné : éveiller, du haut de la tribune de la Douma, des doutes sur la personne du Tsar ; répandre dans le peuple la calomnie, la diffamation, et acculer le pays à la guerre. Puis, une fois le peuple armé, semer en lui des idées de révolte, d'abandon du devoir militaire et d'appropriation de la terre. Ce programme maximum de l'Internationale réussit parce que, sous une forme ou sous une autre, la « société » russe s'était vendue. Il fallait, au moyen d'une force élémentaire, faire dévier le peuple de sa voie et, après la chute du Tsar, arracher de ses mains le sort de la Russie qui devint alors la proie des voleurs indigènes et internationaux.

A l'Octobre 1905 devait répondre l'Octobre 1917.

Cependant, lorsque le bloc social et la Douma entreprirent de forcer sa volonté, l'Empereur n'accepta pas la forme anglaise de constitution qu'on lui réclamait, car il était convaincu de la nécessité vitale de conserver le régime du Pouvoir autocratique.

En présence de cette attitude ferme qu'elle qualifiait « d'entêtement inoui », la « société » décida « de prendre vivant » le Monarque afin de le contraindre à abdiquer en faveur d'un tiers auquel il lui sera plus facile d'arracher la renonciation aux droits de l'Autocratie.

Si, aujourd'hui, on réfléchit aux événements de ces derniers temps, on est amené à reconnaître que la formule : « Le Tsar et le Peuple », n'est pas en Russie un vain mot, mais un symbole vivant. Le peuple n'a pas dénoncé ce symbole, ce n'est pas lui qui a renversé le Tsar : c'est la « société » qui a trahi l'Empereur et qui, durant tout son règne, s'était dressée contre le garant couronné de la gloire et des destinées du pays.

Les travailleurs des villes ont été corrompus au contact de « l'intelliguentsia »; mais le paysan reste bon, sans malice, honnête. Si on avait su entretenir et développer ces qualités, la Russie eût été invincible. La brume du mal et la rosée de la « civilisation » ne s'étaient pas encore déposées sur le peuple. Pendant un demi-siècle, la propagande révolutionnaire avait été sans effet. C'est seulement vers 1900 que commença à se faire sentir la contagion des villes, par la voie de la presse qui profita de l'impuissance des autorités et de la faiblesse des tribunaux.

Si démoralisé que fût le peuple par la carence de l'autorité, si désorganisé qu'il fût par suite des défectuosités de la commune rurale et grâce à la méconnaissance de ses besoins, il fit preuve de conscience et de bon sens jusqu'à la dernière minute. Pendant toute la durée de la guerre, il n'y eut pas une seule localité où l'on put constater le moindre trouble. En 1917 même, en dépit de la promesse du nouveau gouvernement de leur donner les terres des nobles, les paysans ne s'en emparèrent que dans de rares endroits, et ce n'est qu'au mois d'octobre, sous la poussée de la soldatesque en débandade, excités par les décrets officiels prescrivant la spoliation, sollicités de toutes parts par le mot d'ordre « vole et pille », que leur raison sombra dans une sorte d'ivresse sanguinaire et les porta aux partages, aux vols et aux assassinats. En 1917 comme en 1905, les scènes de brigandage n'eurent lieu que là où la foule était conduite par des intellectuels, des ouvriers et des soldats. On peut affirmer que, sans l'ascendant néfaste pris par « l'intelliguentsia », la Russie n'aurait connu ni excès ni violences.

Il en fut de même dans l'armée : jamais les paysans qui en constituaient la masse principale, n'auraient abandonné le front tant qu'ils se trouvaient sous les ordres de l'Empereur, et il avait fallu la sottise et le manque d'honneur de « l'intelliguentsia » et des premiers gouvernants de 1917 pour l'amener à se disloquer en désordre.

L'effondrement de la Russie suivant de près la chute de l'Empereur, prouve manifestement le lien profond et vivant qui existait entre « le Tsar et le Peuple » ; il était la base même de l'Etat et la condition essentielle de son existence. Sur la scène de l'Histoire, il y a le Tsar, la « Société » et le Peuple. La « Société » étant sortie délibérément de cette chaîne, le Tsar et le Peuple perdirent le contact et ce fut la catastrophe.

Le principe de l'Autocratie se trouva justifié. Dans tout autre régime, n'importe qui peut se hisser à la tête de la nation, mais ne peut y prendre racine. La source vive du pouvoir remonte dans la profondeur des siècles. Sans le Tsar, la terre russe se dépérit dans la solitude. Au lieu de l'étendard et de la bannière, symbole de l'unité nationale, on agite devant le peuple une loque rouge qui le conduit à la guerre entre les villes et la campagne. Cette guerre continuera dans un état plus ou moins latent tant que la campagne ne prenne le dessus et qu'une nouvelle classe ne sorte de son sein.

L'Empereur avait foi dans le peuple. Mais le peuple, au moment décisif, fut hors d'état de lui venir en aide parce que le Tsar n'avait plus, comme autrefois, à sa disposition de fidèles messagers pour sonner l'alarme, et ne pouvait ni convoquer ni consulter le peuple. Le régime « impérial », ayant unifié toutes les régions et les ayant dépouillées de leur force et de leur originalité, les avait par là même rendus aphones et incapables d'action.

Et n'oublions pas que c'est la Douma qui fit entendre le tocsin de la révolution, l'appel à l'effusion du sang.

LA CONJURATION

La manière forte de Plévé n'avait guère donné
de résultats. La lutte entre les deux ministres
avait surexcité les passions, et les milieux radicaux avaient relevé la tête. Avec un manque de
compréhension inexplicable, toute la bureaucratie
s'était divisée en deux camps et avait mis l'Empereur dans une position particulièrement difficile. La sédition avait commencé à Pétersbourg,
dans le sein même du gouvernement, pendant la
guerre malheureuse avec le Japon. Visiblement,
celle-ci était exploitée par nos ennemis de l'intérieur et de l'étranger. A l'occasion du raid de
l'amiral Rojdestvenski, les grandes puissances
dressent devant nous les obstacles les plus illé-
gaux contre lesquels notre gouvernement comme
notre diplomatie font preuve d'une impuissance
désolante.

L'histoire n'a pas encore éclairci les origines
de cette guerre. La diplomatie russe, mal infor-
mée, n'avait prêté aucune attention aux rapports
que Pokotilov adressait à Witte sur les agissements des agents de l'Angleterre, de l'Allemagne
et du Japon. La guerre de 1904, comme celle de

1914, avait été provoquée du dehors et avait mis nos diplomates en face du fait accompli. La presse russe, occupée uniquement à attiser la sédition intérieure ne fut pas moins aveugle et ne songea même pas à étudier notre situation ni du côté de l'Orient ni du côté de l'Occident.

Est-il permis d'imputer à l'Empereur les causes de la guerre avec le Japon? Certes, des événements antérieurs révélaient des symptômes alarmants. Le Souverain avait eu trop de confiance dans son entourage. Il avait été trompé aussi bien que par les Bezobrazov, les Abaza et autres brasseurs d'affaires, que par ses ministres qui prêtaient leur appui à ces derniers. Consultés en séance du Conseil, la plupart des ministres s'étaient prononcés dans un sens favorable. Les objections formulées par Witte, par Kouropatkine et par Lamsdorf ne portaient que sur des points de détail et il résulte des mémoires mêmes du comte Witte que la politique qu'il poursuivait depuis 1901 à Dalni et dans l'Amour concordait avec les projets de Bezobrazov. L'Empereur avait écouté attentivement les avis de tous ses conseillers et adopta l'opinion de la majorité qui était favorable à la Compagnie du Yalou. Il est, d'ailleurs, avéré que cette affaire avait été un simple prétexte et non la cause de la guerre.

A la mort de Plévé, l'influence de Witte s'affirme et conduit rapidement la Russie au 17 octobre 1905. Les affaires entrent dans une période de stagnation; l'activité des Zemstvos languit faute de ressources suffisantes, les réformes locales sommeillent, l'autorité faiblit dans les provinces, le mouvement de migration ralentit, l'économie rurale souffre de l'absence de crédit, l'eau-de-vie vendue par la régie corrompt les mœurs, « l'essor » de l'industrie se réduit principalement à une floraison de nouvelles banques et de nouveaux restaurants, la corruption prend des proportions ignorées jusque-là.

La terre devient l'objet d'une spéculation effrénée qui agite et démoralise les populations rurales. A l'instigation de Witte et en violation des articles 51 et 52 de la loi de 1897 sur les statuts de la Banque foncière, les prix de la terre sont triplés; la spéculation fait de plus en plus sentir ses ravages. Dans les villes, des désordres deviennent sporadiques parmi les ouvriers; dans les villages, apparaît la disette qui motive les mesures provisoires hâtivement édictées par la section rurale du Département de l'Agriculture pour lutter contre la famine. La turbulence croît chez les étudiants, des émeutes éclatent dans plusieurs usines.

Et pourtant, tous ces symptômes ne dénoncent point une situation irréparable. L'état général et la richesse du pays ne s'en trouvent guère atteints, les progrès économiques, lents mais visibles, n'en sont que peu affectés. En retard sur l'Occident, la Russie commence à aller de l'avant; aucune crise dangereuse ne la menace.

Les recettes budgétaires progressent rapidement, les voies ferrées se développent; l'industrie commence à s'animer; l'agriculture elle-même, quoique privée de toute aide, fournit un demi-milliard de pouds à l'exportation. Il suffirait de deux réformes fondamentales : celle de l'administration locale et le règlement de la question agraire, pour rendre la santé à la vie nationale.

Mais le mécontentement, moussé par la presse, croît dans la capitale. La « société », malveillante, se réjouit des insuccès de la guerre et accable le pouvoir de critiques imméritées. Dès 1904 apparaissent les symptômes de la trahison. Les désapprobations et les murmures de la société vont en grandissant. Depuis l'assassinat de Plévé, la société saisit tous les prétextes pour attaquer le Souverain. Parmi les hauts fonctionnaires, parmi les dignitaires de la Cour, personne ne vient à son aide dans ces heures difficiles et ne lui donne d'apaisement au sujet du prétendu danger qui menace la Russie et le régime. Soutenu par la haute société, Witte obtient la nomination au poste de Ministre de l'Intérieur du prince Sviatopolsk-Mirski, ancien officier de hussards. En trois mois, l'appareil gouvernemental est ébranlé et le pouvoir s'incline devant les réclamations du Congrès de Moscou et de la presse radicale. Le gouvernement proclame sa « confiance » dans la « société », et le fatidique «printemps » de la liberté, l'ère de la fourberie commence.

A cette « confiance », la presse répond par des injures au pouvoir et par des appels à la révolution. A Moscou, sous l'étendard des Zemstvos, mais à leur insu, il se forme arbitrairement un groupe de 107 personnes réunies par Chipov et comprenant un certain nombre de membres des Zemstvos, mais point délégués par ces assemblées, ainsi que des représentants de « l'intelliguentsia ». Ce n'est plus un organe de l'opposition, c'est une véritable conspiration, le nid d'où sortiront les désordres de 1905 et la catastrophe de 1917.

Or, cette conspiration est organisée, sous les yeux et avec l'appui de la bureaucratie, par des gens titrés, des personnages de la Cour, de hauts dignitaires, des maréchaux de noblesse, par un prince Chakhovski, un prince Dolgorouki, un prince Troubetskoi, par un comte Heyden, par un Petrounkievitch, un Roditchev, un de Roberti, un prince Lvov, etc., qui forment une organisation derrière laquelle se tient toute la « société » révolutionnaire, et qui sont presque tous membres fondateurs de la Ligue dite de la Libération ; ils soutiennent le journal que Strouvé publie à Stuttgart et dans lequel il calomnie cruellement et grossièrement l'Empereur et le régime. C'est là la preuve d'une haute trahison peut-être unique dans l'histoire.

Dans notre passé, à côté de pages glorieuses, on en voit de tragiques dont le retour réitéré semble révélateur de certains défauts de notre race. On oublie le temps des discordes, où le pays divisé vivait sous un régime quasi-républicain et d'où il ne fut tiré que grâce à l'unité réalisée par la monarchie; le souvenir du temps de l'interrègne se perd dans le lointain; par contre, on a présents à la mémoire les événements du règne de Catherine II, la conspiration de la Garde, l'assassinat de Pierre III, celui de Paul 1er et beaucoup d'autres. La description de ces scènes sanglantes par des historiens tels que Sabloukov révèle un cynisme et une insolence extrêmes : on voit la part mystérieuse que l'Angleterre et l'Allemagne prennent à ces complots où trempent les princes Zoubov, Yakhvil, Viazemski, Dolgorouki, les comtes Panine, Palen, Ribas, Benigsen, Ouvarov, les Argamakov, les Talyzine, etc., soit 140 membres de la haute aristocratie.

Vingt ans plus tard, ce n'est pas la plèbe, ce n'est pas non plus la population rurale, aussi dévouée au Souverain que la noblesse terrienne, c'est encore la haute société qui s'agite et complote contre le noble Empereur Alexandre 1er; c'est elle qui fomente le soulèvement du régiment Semionov, et qui s'entiche de la franc-maçonnerie, crée les sociétés mystiques d'Arzamas, des Chevaliers de la Croix, l'Union du Salut, etc. Parmi les 400 conjurés, on compte 121 aristocrates, princes Volkonski, Troubetskoï, Odoievski, comtes Mouraviov, Raïevski, Ryléïev, Iakouchkine et autres.

La conspiration ne désarme pas sous le règne de l'Empereur Nicolas 1er. Les mots d'ordre sont : Constitution, Abdication, République... et tsaricide. Impunis pendant cent ans, les crimes et l'impudence de la haute société, après un arrêt momentané, reprennent un nouvel élan qui conduit au meurtre bestial de l'Empereur Alexandre II.

Pendant le règne d'Alexandre III, la conjuration sociale se cache, mais elle couve sous la cendre.

Depuis l'avènement de l'Empereur Nicolas II, elle se ranime. Elle s'étale maintenant au grand jour, au sein de « l'intelliguentsia » qui emboîte le pas aux aristocratiques conspirateurs pour livrer au régime un assaut définitif. Toute la « société » se jette à gauche jusqu'à l'extrême ; dès lors, il devient difficile d'arrêter le mouvement. Mais il est certain que, sans la conspiration qui prit naissance dans les milieux haut placés, « l'intelliguentsia » eût été impuissante à déchainer l'insurrection, et la responsabilité des événements survenus par la suite incombe en premier lieu à ce qu'on est convenu d'appeler « la haute société ».

Pour comble, le groupe constitué arbitrairement par Chipov, sans avoir reçu mandat de personne, est représenté par les ministres à l'Empereur comme une émanation des Zemstvos. La trahison est évidente. L'Empereur, trompé, donne audience à cette députation usurpatrice et lui confère par là de l'autorité.

Trompés aussi le peuple, le Zemstvo et la noblesse terrienne qui n'avaient pris aucune part à cette fraude et ignoraient même ce qui se passait. Cependant, dans le but d'ébranler la confiance de l'Empereur, on falsifia la vérité en insinuant qu'ils avaient trempé dans la conjuration.

La tragédie de cette falsification eut aussi son côté comique. Non seulement la bureaucratie ne dévoila pas la fraude et ne protesta pas contre elle, mais les ministres ouvrirent aux congressistes de Moscou toutes grandes les portes du siège du gouvernement et c'est au palais du pont Tchernichev, occupé par le Département de l'Intérieur, que, le 6 novembre 1904, la clique des usurpateurs présenta au gouvernement, et par lui à l'Empereur, son ultimatum contenu dans deux résolutions qui réclamaient toutes les libertés, la Constitution et le suffrage universel, direct, égal et secret. Ce programme, qui témoignait d'une singulière ignorance politique, conduisait tout droit à l'anarchie. Dès 1904, Lénine eût pu faire son apparition.

Sans discuter, sans se défendre, la bureaucratie s'embourbe de plus en plus dans la fange. Le droit public n'est plus respecté. Le régime est limé dans les murs mêmes des ministères, sous les yeux de nombreux fonctionnaires, et la conspiration reste impunie. La nullité du gouvernement et la traîtrise de la bureaucratie sont manifestes. L'Empereur est circonvenu par son propre gouvernement qui s'allie aux conspirateurs pour renverser le régime.

Bien que le pays soit absolument calme, bien que la guerre qui, avec un peu de patience et de ténacité, eût pu être liquidée avec succès, ne cause aucune perturbation sérieuse, les ministres et l'entourage de l'Empereur sont d'accord avec la « société » pour affirmer la nécessité inéluctable d'un changement de régime.

A cette époque, tout est mensonge. Les conspirateurs mentent, le prince Sviatopolk ment, Witte ment, la presse ment, les fonctionnaires mentent et trahissent. En·effet, les imperfections économiques, résultats de la fâcheuse politique pratiquée par Plévé et Witte, pouvaient être amendées au moyen des réformes préconisées par la Conférence spéciale de 1901 dont les travaux étaient encore là, la situation économique était solide, aucune crise aigüe n'était à redouter. Rien dans le pays n'était de nature à donner de l'inquiétude; partout la population restait calme.

Devant l'Empereur se posa la question : qui croire? Autour de lui, tout proclamait qu'il fallait céder, rompre avec le cours de l'histoire ou recourir à la dictature. Seul, au milieu de l'agitation de tous, l'Empereur conservait son calme. Après une expectative de six mois, il fit promulguer le Manifeste du 18 février 1905 qui annonçait la convocation prochaine de la Douma d'Empire.

Conscient des imperfections du régime, l'Empereur tenait toutefois, avec juste raison, compte des enseignements de l'histoire. Il estimait indispensable la suprématie de l'Etat et l'indépendance du pouvoir. Il voyait le pays avancer dans la voie du progrès, tout en étant moins chargé d'impôts qu'aucun pays au monde ; on pouvait tout espérer de sa richesse et de sa force pour l'avenir des facultés productives et intellectuelles du peuple. Mais en présence du fait que presque toute la classe dirigeante, de même que la « société », affirmait l'impérieuse nécessité d'introduire le système représentatif, et confiant dans la bonne foi des représentants les plus autorisés de l'administration de l'Etat, il entra dans les vues de son gouvernement et, après avoir vérifié et pesé tous les arguments pour et contre, donna son assentiment aux modifications qui lui parurent désirables.

Ainsi donc, l'histoire n'a pas à reprocher à l'Empereur Nicolas II de s'être trompé dans son jugement sur la situation du pays, ou de s'être opposé aux réformes susceptibles d'améliorer cette situation. Il était donc en droit d'attendre que la nation lui en eût de la reconnaissance, que ses ministres maintinssent l'ordre et protégeassent le travail, que la Douma se consacrât entièrement à une œuvre créatrice. L'Empereur avait toutes les raisons d'avoir confiance dans la loyauté de son peuple et d'une partie de la « société ». Pouvait-il s'attendre à ce qu'il y eût si peu de ses sujets prêts à défendre la Monarchie et sa personne et que le serment de fidélité ne fût plus considéré que comme une simple formalité administrative? Et surtout pouvait-il se douter de l'activité destructrice qui se poursuivait dans l'ombre et du peu de cas que tant de gens faisaient du prestige du pouvoir et du sort de la Russie?

*
* *

C'est seulement en 1904 que la presse russe démasqua ses batteries. Aux tendances idéalistes du libéralisme et du conservatisme avaient succédé des compétitions fort réalistes de gauche et de droite. La poussée à gauche devint presque générale dans la presse comme dans la littérature qui réflétaient les idées et les aspirations des milieux urbains. En effet, les campagnes et la société rurale n'avaient jamais eu d'organe qui pût faire entendre leur voix.

Dans les deux capitales, le mouvement de gauche est soutenu par la presse radicale, en grande partie juive. Le *Novoié Vrémia* plus modéré, libéral et constitutionnel, « indulgent » pour la bureaucratie et la monarchie, est un journal « mondain » dont se nourrit toute la société pétersbourgeoise.

Le reste de la presse de gauche est d'esprit révolutionnaire. Son but est de propager le mécontentement en diffamant tout ce qui est russe.

Quoi que fasse le gouvernement, la noblesse, le clergé ou l'administration, tout est sujet à d'aigres critiques. C'est une jérémiade politique, une scie au grincement perpétuel avec des appels sournois à la haine, à la révolte, à la vengeance. Le ton de cette presse est hargneux, agressif; on n'y rencontre ni sourire ni espoir; la joie de vivre lui est inconnue comme la gloire du passé ou le rayonnement de l'avenir. Ce ne sont qu'obscures allusions à des évènements imminents qui vont survenir pour sauver le peuple d'on ne sait quoi. D'années en années, ces excitations se font de plus en plus grossières et précises. La presse mercenaire accomplit avec acharnement son monstreux travail.

La presse de droite végète à peine et n'a pas de tirage. Il n'y a donc pas de mouvement monarchiste qui ait besoin de s'exprimer, dira-t-on? C'est vrai, dans un sens. Pour les uns, les convictions monarchistes sont quelque chose « qui va de soi », comme la propriété; pour les autres, la Monarchie est si forte qu'elle n'a pas besoin d'être défendue. D'autres encore sont conservateurs par intérêt ou sincèrement, mais ils sont gênés de montrer leurs opinions arriérées et n'osent pas se prononcer.

Après 1906, deux ou trois journaux de droite paraissent successivement qui prennent un ton injurieux pouvant à la rigueur se justifier au lendemain d'une révolution; mais ils s'abstiennent de traiter sérieusement des questions économiques et politiques, et demeurent sans influence.

Depuis 1900 quelques écrivains conservateurs lancent de sévères avertissements; l'éminent Charapov lutte presque seul dans le « Rouskoié Diélo ». Mais la presse de droite ne dispose ni de militants ni de collaborateurs et ne trouve pas de soutien.

Des essais furent faits à plusieurs reprises de créer un organe officiel : ils ne donnèrent aucun résultat. La bureaucratie fut incapable de donner la vie à aucun de ces journaux et ne trouva pour les diriger que des gens sans talent et sans caractère.

De son côté, la censure mécontente tout le monde par ses mesquineries et n'a ni principes directeurs ni plan pour servir de guide aux publications officielles et au reste de la presse.

Aussi, tandis que partout à l'étranger la presse, à quelques exceptions près, fait quotidiennement l'éloge de tout ce qui est national, la presse russe dénigre à l'unisson le régime, le pouvoir et tous les biens vitaux du pays.

La « société » estime que ni le régime, ni la propriété, ni l'ordre légal n'ont besoin d'être défendus. L'aristocratie pétersbourgeoise qui dépense sans compter et exporte tous les ans deux cents millions de roubles d'or à l'étranger, les riches négociants de Moscou qui imitent la prodigalité de la haute société, ne donnent pas un liard pour fonder un journal sérieux ou pour soutenir des associations de propriétaires, et ne participent en rien à la défense du régime et du droit. Pour ces avides jouisseurs des deux capitales, il n'existe rien de sacré en dehors de leur plaisir.

L'Empereur était-il au courant de ces choses? Peut-être, mais aurait-ce été son rôle de prêcher une union pour la défense du trône, de la religion, des traditions nationales, du gouvernement établi?.

LA DOUMA

A la longanimité de l'Empereur, la « société »
et plus tard la Douma répondent en fomentant
la révolution. L'année 1905 est annonciatrice de
1917. Personne ne se soucie d'élaborer des lois
dans le calme. La presse, prenant prétexte des
conditions dans lesquelles s'est poursuivie et
achevée la guerre, vomit des injures et fulmine
contre le pouvoir. Une véritable campagne commence contre la Monarchie. La province, tranquille jusqu'alors, donne des signes d'agitation.
Dans le bassin de la Volga, des châteaux et des
fermes sont incendiés. Des troubles se produi-
sent dans les régiments et dans les usines. La
conspiration a contaminé la rue et mis en fièvre
les ouvriers ; les employés de chemin de fer se
mettent en grève. Et le gouvernement se montre
incapable de maintenir l'ordre.

Depuis la mort tragique du grand-duc Serge,
il n'y a plus dans l'entourage de l'Empereur,
à part le prince Alexandre d'Oldenbourg, de
conseillers méritant sa confiance. Tous ont perdu
la tête. On présente au Souverain des rapports
contenant de faux renseignements sur la fidélité
des troupes ; on grossit à ses yeux la portée des
désordres en province. La panique s'est emparée

de ses proches qui le supplient à leur tour d'octroyer au pays la constitution la plus large avec toutes les libertés.

En face des actes de terrorisme dont tombent victimes nombre de ses fidèles, dont le sang est moins le prix des imperfections du régime que celui de la lâcheté de la « société » et de l'impuissance de la bureaucratie débile, l'Empereur Nicolas II ne se départit jamais de son sang-froid. On l'a accusé de manquer de cœur. Il était au contraire sensible et compatissant. Mais, dédaigneux du péril qui pouvait menacer sa propre personne, il possédait à l'extrême la faculté de maîtriser ses sentiments et donnait par là l'exemple d'une impassibilité digne d'un chef.

Il lui répugnait de répondre à la terreur par la terreur. Disposant de l'autorité et de la force nécessaires pour mettre impitoyablement à la raison les séditieux, il s'opposa de la manière la plus formelle aux répressions en masse et, même en 1905, il n'y eut d'intervention militaire qu'à Moscou et à Riga. Dans le reste de la province, des généraux furent envoyés en conciliateurs, sans troupes. Malgré l'état de siège qui déférait la plupart des crimes à la juridiction extraordinaire des cours martiales, le nombre des exécutions fut minime; celui des déportés baissa de 37 % par rapport aux années 1890. L'Empereur était d'ailleurs plein de mansuétude à l'égard des déportés et s'efforçait d'améliorer leur sort. Il s'opposa toujours aux méthodes despotiques qu'on lui suggérait, et en 1905 notamment, il refusa de proclamer la dictature, préconisée par les *Moskovskia Viédomosti*.

C'est à la même époque qu'il prit une décision d'une importance capitale. Le général Trépov, ayant appris que Witte, en vue de se disculper, avait rédigé un mémoire contenant des accusations contre l'Empereur, se proposait de s'assurer de la personne du ministre ainsi que d'un groupe de ses fidèles. Cette décision devait être suivie d'une série de mesures propres à assurer l'apaisement du pays. L'Empereur, après avoir tout pesé et longuement réfléchi, refusa son assentiment... et, par sa volonté, le sang ne coula pas.

Peut-être l'histoire estimera-t-elle que cette sorte de non-résistance au mal était une faute. En tous cas, telle était la ferme volonté du Tsar qui n'avait pas le goût de la vengeance et y préférait la patience. Il convient d'ailleurs de ne pas perdre de vue que le soin de prévoir et de combattre — éventuellement de réprimer — la sédition, incombait en premier lieu à ceux qui constituaient la classe dirigeante. Or, celle-ci faisait preuve d'une faiblesse criminelle et on remplirait des volumes à relever les négligences et les illégalités dont elle se rendit coupable.

En automne, les troubles s'aggravent. Voyant l'incapacité et l'impuissance de ses ministres, et ignorant, parce qu'on le lui cache, avec quel zèle et avec quelle facilité certains gouverneurs de province réfrénèrent la sédition artificiellement fomentée, ne se rendant pas compte du mouvement très accentué, mais qu'on lui dit être dénué d'importance, vers la droite, l'Empereur se décide à adopter, — peut-il faire autrement? — l'avis de la quasi-unanimité de son entourage.

C'est ainsi que la bureaucratie parachève sa trahison en soumettant à la signature impériale l'acte du 17 octobre élaboré à la hâte, qui donne au pays la Douma et les libertés.

Heureusement, l'Empereur apporta au texte de ce document la réserve de la sauvegarde des droits de l'Autocratie. Le Souverain conserva donc pour l'avenir le principe de ces droits qui sont l'immortelle garantie de la prospérité du pays.

A cet acte de volonté, au lendemain même du Manifeste du 17 octobre, la capitale répond rageusement par une nouvelle émeute, soutenue cette fois par la conspiration internationale qui la pourvoit en masse des armes provenant des arsenaux de certaines grandes puissances.

Complètement désemparé, Witte cède le pouvoir à Dournovo. Celui-ci, aussi habile que courageux, maîtrise rapidement la rue, sans grand déploiement de forces, au moyen de deux ou trois charges militaires. Les troupes sont fidèles, les conjurés se cachent, la révolution est facilement balayée. Quant aux troubles qui ont éclaté parmi les paysans de trois goubernies, ils cessent d'eux-mêmes.

La Douma se réunit ensuite et offre le spectacle auquel l'histoire du parlementarisme nous a accoutumés. Parsemé jusqu'alors dans quelques couches sociales, le mécontentement peut maintenant aisément être centralisé dans le palais mis à sa disposition. A la tribune, les inepties les plus malfaisantes et les plus blasphématoires se débitent en étouffant les rares voix du bon sens et de la conscience. Quelques commissions accomplissent un travail honorable, mais les séances plénières sont le théâtre de luttes acharnées entre les partis et de véhémentes attaques contre le gouvernement. Et ce dernier fait preuve de la plus complète incapacité à se défendre et à défendre le pouvoir. Désormais — sauf sous le ministère de Stolypine — le pays n'entendra plus la voix du gouvernement. De souterraine, la propagande révolutionnaire devient ouverte, au sein même de la Douma. La proclamation de Viborg et d'autres provocations du même genre rendent rapidement inévitable la dissolution. La loi électorale du 12 juin 1906 prépare une nouvelle Douma, soi-disant plus docile.

Or, quel que soit l'effort de propagande de la Douma, quelle que soit l'agitation qu'elle ne cesse d'entretenir dans le pays, à part les ouvriers et la société des villes, la population reste en général sourde aux appels de la sédition. Bien plus, l'intérêt que cette assemblée avait inspiré au début, se refroidit de plus en plus, autant par suite de la pauvreté de ses conceptions qu'à cause du caractère éminemment pacifique de l'esprit national.

A partir de 1907, la population rurale, qui avait un moment prêté l'oreille aux promesses de la Douma, se tourne uniquement vers les besoins de l'organisation agraire; profitant d'une hausse des prix du blé, elle achète des terres et s'adonne entièrement au travail. L'intérêt pour la Douma faiblit : on n'a plus confiance dans sa force créatrice. Stolypine, avec son labeur infatigable et ses admirables discours, aura en quelque sorte épuisé le programme de son temps. Après lui, personne ne peut plus rien dire de plus juste et de plus profond. Tout au plus peut-on regretter qu'il n'ait plus tôt entrepris la réforme de l'administration locale, mais à cela il y a des raisons qui seront exposées plus loin.

Stolypine assassiné, la Douma relève la tête. Ce qui lui importe c'est de prolonger son existence à tout prix et de faire parler d'elle dans le peuple. Pour se maintenir, elle ne voit qu'un moyen : la révolution. Faisant semblant d'être docile, elle se ménage des intelligences dans la « société » et dans l'Internationale, en trahissant la Russie.

Certes, l'Empereur n'avait pas de sympathie pour la Douma. Mais fidèle à la règle de conduite qu'il s'était imposée, il n'en laissait rien paraître et faisait preuve de patience et de persévérance à son égard. Il fallait sa volonté et sa force d'âme pour ne pas manifester de courroux en présence de certains actes.

A l'égard des partis, l'Empereur observait une réserve aussi impartiale que constante. On lui fit grief d'avoir accepté l'insigne de l'Union des droites. Mais on omettait de dire qu'il était d'usage que des associations de toutes sortes fissent hommage au Souverain d'un spécimen de leurs insignes. Ce qui est certain, c'est qu'en recevant en 1905 les chefs des différentes fractions, l'Empereur se montra en dehors et au-dessus des partis qu'il ne connaissait que par l'entremise de ses ministres.

L'influence des partis modéré, progressiste, nationaliste, du groupe de la Renaissance et autres, était tout à fait insignifiante, comme l'était la personnalité de leurs leaders. Le parti de la droite que dirigeaient des fonctionnaires retraités et des membres de la Douma, végétait faute de ressources et d'organisation. Ses réunions étaient peu nombreuses et ignorées de tout le monde. L'enthousiasme de l'année 1905 avait fait place à la plus grande apathie et la droite ne disposait d'aucune force.

Conscient de tant de difficultés, mais connaissant et appréciant à leur valeur les forces du pays, l'Empereur n'exagérait pas le danger. Doué d'une mémoire incomparable, il lisait et étudiait tout ce qui se rapportait à la politique et à l'économie sociale de la Russie. Au cours des entretiens qu'il avait fréquemment avec des personnalités compétentes, il surprenait par la sûreté de son jugement et par sa connaissance profonde de toutes les questions intéressant l'Empire, particulièrement de celles qui avaient trait à la classe paysanne.

On ne pouvait également ne pas admirer son endurance et sa robuste santé. En dehors des affaires de l'Etat, il avait encore à s'occuper des compétitions infinies des courtisans. Avec un manque de tact inexcusable, son entourage abusait de son temps précieux par toutes sortes de mesquins intérêts de Cour, sollicitations, recommandations, etc. Malgré sa répugnance pour ce genre de choses, il évitait de froisser personne et, sans se lasser, examinait lui-même toutes les propositions qui lui étaient soumises.

Dans la seconde partie de son règne, secondé par Stolypine qui ne devait rien à la bureaucratie étant sorti de la noblesse terrienne, l'Empereur se donne à tâche de relever les forces productives du pays. Après 1905, les paysans abandonnent toute velléité d'insurrection et s'occupent exclusivement de leurs intérêts. Chez eux, comme chez les propriétaires, les progrès sont tels que certaines de nos exploitations agricoles auraient pu servir de modèle à des cultivateurs occidentaux mêmes. L'exportation des céréales atteint un milliard de pouds, soit 62% du chiffre total de l'exportation. Stolypine, qui n'est rien moins qu'un financier, rompt avec l'ancien système, accorde à l'industrie des exonérations d'impôts et se contente de ne pas en entraver le libre développement. L'Empereur projette d'amortir les dettes de l'Etat. Malgré les chicanes de toutes sortes soulevées par la Douma, le développement économique du pays se poursuit normalement.

L'Empereur croit enfin avoir moins de sujets d'inquiétude. Grâce à la sagacité et à l'énergie de Stolypine, la réforme agraire se poursuit avec un succès qui tient du prodige ; l'extension de la propriété foncière individuelle enrichit automatiquement le pays. La Douma perd ainsi le terrain révolutionnaire qu'elle exploitait dans les campagnes. Elle cesse d'être dangereuse ; l'Empereur n'envisage plus sa suppression et lui témoigne de la confiance.

Stolypine a été et demeurera la personnalité marquante du règne. Vrai gentilhomme, méprisant la mort, il prend rang parmi nos plus grands hommes d'Etat. « Pour la Foi, le Tsar et la Patrie », telle était sa devise. Mortellement atteint, sa main faiblissante fait un signe de croix dans la direction de l'Empereur.

Après sa mort, l'autorité du gouvernement décline de plus en plus. Il ne put être remplacé parce qu'il ne se trouvait alors ni dans la « société » ni dans la bureaucratie d'individualité apte à continuer son œuvre. Les médiocrités qui lui succédèrent n'eurent ni sa valeur ni son autorité pour défendre le Tsar et la Russie.

Le bien-être qui commence à se répandre ne

fait point le jeu de la « société » radicale. Le parti de la Liberté du Peuple, qui joue le premier rôle à la Douma, incline de plus en plus vers le socialisme et entreprend une action violente contre la réforme agraire. Ce parti est en rapport intime avec la conspiration internationale. D'anciens amis de Chipov, des snobs de Pétersbourg, des chevaliers d'industrie font cause commune avec les radicaux. La majorité de la bureaucratie et toute « l'intelliguentsia » sont avec eux. Il est à remarquer que vers cette époque s'établissent des rapports étroits entre la « société » et les personnes de l'entourage immédiat de l'Empereur, et même avec des membres de la famille impériale.

Depuis 1905, l'impunité semble acquise aux conspirateurs. Des répressions et éxécutions sommaires qui ont suivi le meurtre de Stolypine ne durent qu'un instant. Aussi la cabale, à l'étranger, se met-elle à l'œuvre. A Genève, en Allemagne, en Angleterre et à Paris des groupes socialistes se prêtent la main pour l'action commune. Notre police est mal renseignée ; elle ne connaît ni les racines de la conjuration internationale, ni ses chefs qui se recrutent souvent parmi des capitalistes et des politiciens. Le service d'informations, insuffisamment doté, se trouve entre les mains d'agents incapables ou de forbans tels que Azev-Manouilov.

La diplomatie est encore plus ignorante. Recrutée parmi des snobs, elle ne compte aucun homme de valeur ou de talent et ne sert qu'à procurer des sinécures à des arrivistes et à des jouisseurs. Les diplomates étrangers, les gros capitalistes et les agents socialistes se jouent des uns et se servent des autres, tels qu'Izvolski et consorts, pour préparer la guerre et la ruine de la Russie.

Les années 1907 à 1912 sont l'époque de la mise au point du complot. Les actes de terrorisme sont relégués à l'arrière-plan. Seul, Stolypine est supprimé — par un agent de la police. La conspiration contre la Russie prend un caractère universel. Devant l'impossibilité de soulever les paysans, on s'efforce de compliquer la situation internationale. On réveille la question slave : on travaille la presse, la Douma prend un intérêt exagéré aux affaires des pays slaves. Des politiciens, des députés visitent ces pays ; la presse anglaise et française accueillle ce mouvement avec sympathie.

On a oublié la révolution de 1905, on n'en a tiré aucun enseignement.

EMPIRE OU AUTOCRATIE

La « société » russe ne savait même pas — et ce qu'il en reste encore ignore jusqu'à présent — sous quel régime vivait la Russie. Ni le droit public ni la science historique ne fournissaient à cet égard d'indication précise. Mais le peuple, lui, savait que le Tsar était « le Seigneur de la Terre ».

Dans son intéressante étude intitulée « Les deux Russies », le comte Saltykov soutient l'opinion que les progrès réalisés dans le passé étaient dûs uniquement au régime « impérial » instauré par Pierre Ier et que seul ce régime peut assurer l'avenir du pays par un nouvel appel aux Varègues et par l'occidentalisation complète de la Russie.

Les Slavophiles, dans de nombreux travaux, affirment le contraire. Ils désirent le retour au tsarisme d'avant Pierre 1er et attribuent le déclin de la Russie à l'abdication de l'Autocratie et à l'établissement du régime impérial sur le mode germano-romain. « Le peuple, disent-ils, est fortement attaché à l'Autocratie qui lui épargne le souci des affaires publiques; ce fardeau est un mal inévitable auquel le Souverain se sacrifie, ce qui lui vaut les honneurs et l'affection, récompense de la tâche héroïque ».

Le peuple ne comprend pas le pouvoir qui incline à l'absolutisme, essence du régime impérial, parce qu'il considère le pouvoir comme une partie organique de lui-même, la première et la plus essentielle. Le pouvoir, de son côté, a conscience du lien qui le rattache au peuple. La Terre comprend qu'il y a des affaires d'Etat, et qu'elle n'a pas à s'en mêler, sans y être invitée. De son côté, le Tsar ressent la « grande pitié » de la Terre, et sait que le rôle du Souverain consiste à protéger la Terre, à lui permettre de vivre sa propre vie rurale.

L'Autocratie, d'après la conception des Slavophiles, est « la conscience active du peuple concentrée en une seule personne ». Elle se manifeste, en effet, dans ses rapports avec le peuple, sous des formes les plus diverses, dont l'une peut être le Zemski Sobor ou Etats généraux. La grandeur de l'Autocratie est conditionnée par la grandeur du peuple qui lui a confié volontairement son sort.

Il ne peut être question d'énumérer ici l'ensemble des arguments que toute une pléiade de penseurs et d'idéologues ont puisés dans l'histoire et dans l'analyse des traditions populaires. Le cours de ces traditions avaient été cruellement et fâcheusement, quoique en partie par nécessité, interrompu par Pierre 1er, dont la réforme avait rompu le lien organique entre le souverain et le peuple. Deux siècles plus tard, on voudra les rétablir. Alors, copiant les procédés des empires occidentaux, on réunira dans la capitale un parlement mercenaire et irresponsable, qui non seulement ne saura renouer le lien séculaire, mais qui renforcera la centralisation néfaste et se proposera de renverser le Tsar lui-même, avec comme résultat infaillible l'écroulement de l'Etat. Alors, comme jamais, éclatera la vérité, que le pouvoir n'est pas un privilège mais un fardeau, et que celui qui en a la charge, ne saurait être trop entouré de respect.

A l'exemple des Tsars de l'ancienne Russie, l'Empereur Nicolas II cherchait un appui dans le peuple. Il espérait trouver dans la Douma le concours utile et empressé que ses ancêtres avaient trouvé dans le Zemski Sobor pour le réglement des grands problèmes nationaux.

Le Tsar est la tête d'un corps qui est le peuple et dont les parties n'ont besoin que d'être mises en action. Le Tsar est la négation même de l'absolutisme; il est limité par la conscience populaire. Sa fonction est un cadre, à l'intérieur duquel le pouvoir se meut librement. Sa fonction est aussi d'essence conservatrice et elle a pour but de maintenir l'unité des immenses territoires dont le pays est composé.

On ne peut méconnaître la grandeur de cette idée du Tsar toujours en contact avec la Terre, sa pensée toujours en communion avec le peuple. Les Slavophiles ont démontré que l'Autocratie s'était toujours considérée comme limitée — contrairement au pouvoir impérial — et qu'elle vivait dans le peuple et dans l'église. La Russie est une immense paroisse et elle était de tout temps attachée à ce principe paroissial.

Les deux régimes, l'autocratie tsariste et l'empire, différent aussi bien par leur forme que par leur origine. D. Khomiakov dit avec raison que l'Empereur est un dictateur chronique, l'éternel idéal de la dictature procédant du pouvoir militaire, l'alfa et l'oméga de l'activité humaine poussée jusqu'à la déification, ainsi que ce fut le cas des Empereurs romains et de Napoléon.

Notre Autocratie, au contraire, est toute douceur; c'est une foi vivante qui n'a rien à voir avec l'agitation politique.

Rien qu'à cause de son immensité, l'Orient n'est en rien semblable à l'Occident découpé en petits morceaux; l'Orient est attaché au principe autocratique et l'histoire nous apprend que les peuples orientaux considèrent le pouvoir comme une émanation de la nation, comme l'expression de son esprit, et cela donne au pouvoir une force indiscutable et indiscutée. Les Tsars sont indépendants du reste du monde; ils conservent jalousement l'indépendance de la Russie et le peuple russe est satisfait de cette indépendance.

Ce n'est pas chez les Varègues que l'Autocratie a ses origines, mais chez les Khans de la Horde d'Or. Elle prit ensuite une forme russe. Le Tsar

Ivan IV la porta à un haut degré de perfection en instituant l'autonomie territoriale. Mais elle n'avait pas eu le temps de se consolider, lorsque Pierre 1er en brisa les cadres. Puis, ce fut le tour de Catherine II de la dénaturer, en jouant avec l'Eglise et le nationalisme. Heureusement, les Empereurs qui lui succédèrent se rendirent compte de son importance incontestable et la firent revivre en partie tout en l'adaptant aux conditions des temps nouveaux.

Pour la « société » comme pour les étrangers, les Souverains de la Russie sont des Empereurs; pour le peuple, ils sont toujours des Tsars, de même que la terre russe n'est pas sociale mais nationale. Pendant deux siècles, personne n'osa résoudre la question de la genèse de la monarchie russe et personne ne sait au juste si le pouvoir en Russie est impérial ou autocratique. L'opinion publique raille et flétrit le « tsarisme absolutiste » et le « despotisme » de nos Souverains. Ce sont là de grossiers subterfuges imaginés par la « société » russe pour tromper le monde occidental. L'absolutisme et le despotisme ont existé en Occident : la Russie n'a jamais connu ni l'un ni l'autre, car l'essence même de l'Autocratie répugne à ces abus du pouvoir.

Les symptômes de despotisme que manifesta le régime impérial sous Pierre 1er eurent pour effet de réduire et de limiter le pouvoir de l'Autocratie. Mais, tout en masquant l'Autocratie sous forme d'Empire, ce Souverain ne renonça jamais au principe autocratique dont il connaissait parfaitement la profondeur, la souplesse et la force. Il revêtit l'Autocratie d'une nouvelle forme, mais il en conserva l'essence. Et, recréant la Russie, c'est dans l'Autocratie qu'il puisa nombre de fois des plans d'organisations et des normes du droit. « Si ma loi est mauvaise, dit-il un jour en partant en voyage, ne l'exécutez pas ». Ainsi peut parler le Tsar : un empereur ne le peut et n'oserait jamais.

L'Empereur Alexandre 1er, qui avait repris contact avec le peuple au cours de la guerre de la Libération, eut l'intention de faire revivre le Zemski Sobor. L'Empereur Nicolas 1er en entretint également le comte Kisselev et fut sur le point d'instituer des gouvernements généraux pour les différents territoires. De leur côté, Alexandre II et Alexandre III étaient disposés à accorder l'autonomie régionale. Mais, toujours, la bureaucratie égoïste et jalouse a soulevé des objections, suscité des obstacles et s'est évertuée à introduire son esprit et ses méthodes jusque dans le Zemstvo.

Souvent les Empereurs se proposèrent de revenir délibérément à l'Autocratie ; mais, ayant adopté le « système impérial », ils craignaient d'ébranler l'ordre établi en y touchant. Sur le trône même, le principe impérial et le principe autocratique, dissemblables quant à l'essence, l'origine et la signification, luttaient visiblement. Le premier reposait entièrement sur la bureaucratie qui peu à peu s'appropriait les prérogatives du pouvoir. Celui-ci était miné par en bas : le fonctionnaire, simple outil de l'absolutisme, rouage mécanique du pouvoir, commençait à vivre exclusivement en vue de sa propre conservation ; il ne se connaissait d'autre lien avec le Tsar que celui d'intérêt. Le fonctionnaire, insuffisamment passif vis-à-vis du pouvoir, exploitait le peuple. Le pouvoir impérial, limité ainsi par la bureaucratie, le fut encore davantage lorsque, à l'exemple de l'Occident, on établit le régime parlementaire.

Mais le principe autocratique originel était toujours prêt à reprendre le dessus. En restant fidèle à l'Autocratie, l'Empereur maintint intact la suprématie du pouvoir, illimité essentiellement et non seulement dans le sens étymologique du mot.

C'est ce pouvoir autocratique qu'aucune restriction ne diminue, qui faisait peur à la « société » russe comme il faisait peur à l'occident. On ne craignait pas l'Empereur, on craignait le Tsar, parce que l'Autocratie est délégataire du peuple. C'est dans le peuple que le Tsar puise sa force et cela le rend redoutable au même titre que l'enseignement du Christ répugne aux Juifs parce que c'est un enseignement populaire. Ce sont les œuvres vives de la nation russe que le complot voulut frapper lorsqu'il s'attaqua au Tsar. En renversant celui-ci, il espérait réduire celle-là. Pour y parvenir, il se servit de la révolution.

Les Empereurs, depuis ceux de Rome jusqu'au roi d'Angleterre, ont été dépouillés successivement de tous leurs attributs, à part leurs costumes d'apparat, leurs uniformes, leurs couronnes et leurs listes civiles. On n'a rien pris à l'Autocratie. Elle a quitté le peuple pour un temps ; mais en attendant qu'elle revienne, le peuple est comme un malade dont toute la force est absente.

La Russie est un Etat oriental. Pendant deux siècles, nous avons vécu sous un régime impérial emprunté à l'Occident et c'est sous une autre formule occidentale que nous avons succombé : sous celle du socialisme perfectionné selon les dernières exigences de la science inspirée elle-même de l'Impérialisme. Car le bolchevisme est l'aboutissement nécessaire du socialisme ; aucune étape intermédiaire ne peut être réalisée comme régime social viable.

Devant notre ruine, nous commençons à nous demander ce que nous avons été et ce que nous sommes appelés à devenir. Les « eurasiens », qui sont toujours embrouillés dans mille erreurs, découvriront tardivement que nous sommes des Orientaux. Un Saltykov démontrera que, si nous avons été perdus par l'Occident, c'est encore dans l'Occident que nous trouverons notre salut. Il est bien temps de se lancer dans ces controverses !

Il est certain que nos conditions géographiques, notre religion orthodoxe, nos particularités ethniques, qu'elles soient bonnes ou mauvaises, font qu'il ne nous est pas possible de nous évader de notre orientalisme. Aucun régime impérial, aucun système eurasien n'y peut rien changer. Nous sommes tels que nous sommes et le resterons même si l'on modifiait l'expression de nos visages ou la consonnance de nos noms. Et surtout, tant qu'elle ne sera pas mise en morceaux et partagée, la Russie restera la Russie.

L'affirmation de Saltykov que le rôle de l'Empereur consiste à lutter contre le peuple, n'est pas faite pour nous séduire. L'Autocratie, elle, réagissait contre le penchant du peuple à se désintéresser des affaires publiques, contre son insoumission au droit, à la loi et à la foi, mais elle ne prenait pas des attitudes de lutteur.

Le Tsar, premier gardien du pays contre les menaces du dehors, veille aux besoins du peuple. L'Autocrate n'a pas moins de ressources que l'impérial dictateur ; il sait, le cas échéant, imposer sa volonté, ne serait-ce, comme sous Ivan IV ou Pierre 1er, en tranchant la tête aux récalcitrants. Mais il est en même temps un médecin : il n'intervient dans la vie du peuple que quand celui-ci est souffrant ; il le laisse tranquille s'il est bien portant, et lui permet, par la voie de l'autonomie, de vaquer lui-même à ses affaires.

La bureaucratie impériale et le parlementarisme irritent le peuple ; ils troublent le cours de sa vie par des immixtions incessantes dans ses affaires, par leur prétention de le prendre sous leur protection, par les malencontreuses expériences, enfin, auxquelles ils se livrent à son détriment. L'Autocratie, indice de santé, réserve de force, est le symptôme de la jeunesse à côté des méthodes occidentales qui sont le régime d'une maturité annonciatrice de la décrépitude.

Le type de notre Autocratie s'est élaboré sous les yeux du peuple et devint la source de sa force. Il a porté la Russie à la puissance, et jusqu'au milieu du siècle dernier, le peuple sentait nettement sa parenté intime avec l'ancienne Autocratie populaire qu'on peut même qualifier de paysanne. Pendant le longs et heureux siècles, la Russie vécut selon la loi divine, écoutant la voix de la conscience, respectant le droit et jouissant de la liberté. C'est tout cela qu'on décida de lui ravir.

L'Autocratie orientale était d'ordre temporel, elle évitait de s'immiscer dans les affaires spirituelles. Mais la piété et la ferveur religieuse des Tsars luisaient aux yeux du peuple comme un exemple.

Tandis que l'Occident recherche des formes de gouvernement limité, c'est-à-dire républicain, qui revêt de temps en temps le caractère absolutiste, notre Autocratie domine tout sans restrictions ni limites, car l'esprit du peuple ne tient pas à se diminuer lui-même en elle. Le peuple sait que la structure, l'étendue, la vie spirituelle de la Russie font qu'elle n'est semblable à aucun autre Etat et il ne cherche pas à se modifier pour ressembler aux autres peuples.

L'Autocratie répond à l'idée originelle du gouvernement populaire où le peuple érige lui-même le sommet élevé qui le couronne : c'est la tête du corps social, le juge de la vie, le gardien de l'âme, de la conscience, des mœurs, de la religion, de la force, de la gloire, de la terre. Le Tsar n'a pas à défendre son pouvoir, attendu que le peuple ne peut pas être tenté de limiter en lui sa propre puissance.

Les Slavophiles définissent bien exactement l'Autocratie, mais ils ne poussent pas leur démonstration jusqu'au bout, en omettant d'indiquer que ce pouvoir a été réalisé par les Tsars Ivan II et Ivan IV au moyen de l'autonomie régionale et non, comme en Occident, sous la forme d'un pouvoir absolu et centralisé.

L'empire russe fut une tentative de concilier les deux conceptions du pouvoir, dictatoriale et autocratique. La fatalité empêcha nos souverains de donner la préférence à cette dernière. D'où la lutte tragique entre l'idée Empereur et celle de Tsar. L'Empereur est toujours prêt à céder, à l'instar des Monarques de l'Occident qui abandonnent leurs droits les uns après les autres. Le Tsar ne cède pas : il n'appartient pas à la famille des monarques. Le Tsar est oriental, autocrate, purement russe. Il y a beaucoup d'Empereurs, il n'y a qu'un Autocrate. Nos derniers Empereurs n'osent pas toucher à cette question tant elle revêt à leurs yeux le caractère sacré... mais ils conservent instinctivement le titre d'Autocrate.

Les Slavophiles, en ce qui concerne l'Autocratie, raisonnent avec sagesse. Mais ils ont peur
de l'autonomie provinciale, ils soutiennent aveuglément la commune rurale et préconisent notre
absorption dans l'océan slave. Aussi les radicaux
qui abhorrent le nom même de l'Autocratie, ne
sont-ils pas les seuls à ne pas vouloir les suivre.
Tout ce qui est fort, indépendant, tout ce qui
respecte le travail et voit dans la propriété indi-
viduellle une nécessité vitale, refuse de se joindre
à eux. Ce sont des doctrinaires qui ne poussent
pas leur raisonnement jusqu'au bout, qui, con-
taminés par l'esprit bureaucratique, n'ont pas le
courage de préconiser avec force l'Autocratie,
comme élément constructif indispensable à la
Russie,... mais pas nécessairement aux autres
Slaves dont les destinées sont pour toujours sé-
parées de celles de la Russie.

Ce manque de courage est une des causes de
l'impression que les réformes d'Alexandre II
donnent d'une œuvre inachevée. De là la faiblesse du Zemstvo, de là la persistance de la commune rurale, de là la néfaste centralisation, de
là les guerres fatales pour le Slavisme.

L'histoire, en vertu du principe : *ex sensu non
ex consensu Ecclesiae*, condamnera ce système
pour son manque de concordance avec l'esprit
populaire. Il est insensé de vouloir faire un nouvel appel aux Varègues, de vouloir rompre avec
les traditions de la vieille Russie, et d'ouvrir
les portes toutes grandes à la culture occidentale.

De même en ce qui concerne les projets d'une Monarchie *made in Germany*. Ceux qui parlent du crépuscule de la Russie, ne disent rien de celui de l'Europe ; ils oublient qu'il y a déjà deux Europes, une vieille, honnête et saine, et une nouvelle qui a tendance à renier l'honneur, le droit et le bons sens. Ils ne parlent pas non plus des Monarchies socialistes contemporaines. Quelle est l'Europe et quelle est la Monarchie qui puisse être appelée au secours de la Russie ?

Dans la controverse pour ou contre l'Autocratie ou l'Empire se manifeste le fâcheux penchant des Russes à discuter pour le plaisir de discuter. La dispute est dissolvante, surtout en temps de léthargie nationale. Entre les deux extrémités, il y a longtemps qu'après Pierre 1er la Russie aurait dû donner au pouvoir du Tsar la forme traditionnelle tout en gardant ce qu'il y a de meilleur dans le système impérial. L'Empereur, Tsar de toutes les Russies, est appelé par toutes les nationalités peuplant la Russie. Tous les droits qui assurent la solidité de l'Empire sont imprescriptibles ; le système impérial aurait pu être conservé en le complétant par une série d'éléments empruntés au régime autocratique pour faire contrepoids à l'absolutisme, à la bureaucratie et au parlementarisme, et en consacrant une large autonomie régionale.

C'est cela, et rien d'autre, que la vie réclamait depuis cent ans et si, en affranchissant les paysans du servage, on les avait affranchis en même temps de la commune rurale, il est certain qu'avec l'étendue de notre sol et l'immensité de nos richesses, le développement économique eût été rapide et que le régime eût été conforme au désir du peuple.

Il ne fut pas donné aux Souverains du XIXe siècle de réaliser cet idéal. Cela ne leur fut pas donné parce que leur entourage, la « société », les fonctionnaires et « l'intelliguentsia » se liguèrent en 1916 contre la Russie elle-même...

LA RUSSIE EN 1914

Ainsi qu'on l'a déjà vu, la situation économique de la Russie, était arriérée. Si l'on établit une comparaison avec les pays étrangers, on constate par exemple que l'exportation — qui avait progressé entre 1900 et 1913 de 3 à 6 milliards de roubles en Angleterre, de 2 et demi à 5 milliards aux Etats-Unis et de 2 à 5 milliards en Allemagne — n'avait augmenté pendant la même période en Russie que dans la proportion de 700 à 1.500 millions de roubles, c'est-à-dire qu'en 1913, la Russie, avec ses 163 millions d'habitants et une superficie de 19 millions de verstes carrées, exportait juste autant que la Belgique, avec ses 25.000 verstes carrées et ses 7 millions d'habitants. Il est certain que nous aurions pu doubler et même tripler notre production et notre exportation de matières premières.

Nous étions en retard sur les autres pays également quant à la production agricole, bien que celle-ci fournît 88 % de notre exportation totale. Dans les pays occidentaux, les engrais sont employés sur 60% des terres cultivées, chez nous seulement sur 4%. Mais le crédit consacré en Russie à l'agriculture représentait à peine 5 à 14 kopeks par tête, contre 60 roubles en Amérique, 53 roubles en Allemagne et ainsi de suite.

Les forêts rapportaient en moyenne 1 kopek par déciatine en Sibérie, 3 kopeks dans les régions du nord et 2 roubles 50 kopeks dans la Russie d'Europe, alors que le revenu forestier s'élève en Allemagne à 29 roubles, en France à 36 roubles, etc.

Notre cheptel, vers 1900, commence à diminuer de même que la production de la laine et les ensemencements de lin. On constate une certaine augmentation dans la production du coton, du sucre et des produits laitiers de Sibérie. Vers 1907, la production et l'exportation des céréales progresse quelque peu.

L'industrie est encore plus en retard malgré les faveurs dont elle jouit, malgré les subsides de l'Etat qui dépassent 100 millions de roubles par an et malgré l'apport du capital étranger qui détient les deux tiers de nos entreprises. La production du fer et de la houille se développe péniblement et ne suffit pas à couvrir les besoins du pays. Le prix de revient du métal est de 40% supérieur aux prix de l'étranger. Notre production de fonte s'élève à 280 millions de pouds contre 2 milliards aux Etats-Unis et 1 milliard et demi en Allemagne; nous en achetons dans ce dernier pays et en Autriche, bien que notre consommation n'atteigne que 10 pouds par habitant, contre 150 pouds en Allemagne et 260 pouds en Amérique. Il en est de même pour la houille : nos charbonnages ne fournissent que 2.250 millions de pouds contre 18 milliards en Allemagne et 32 milliards aux Etats-Unis. La situation est à peu près la même pour la production et la consommation dans les autres branches industrielles.

Le nombre de nos entreprises est porté par les efforts de Witte à 1.500 avec un capital de 3 milliards et demi de roubles, alors qu'on compte en Allemagne 5.700 entreprises avec un capital de 18 milliards. Mais pendant les dix dernières années du régime, le nombre des entreprises russes et l'importance de leur capital tendent à diminuer par suite de la faible capacité d'achat du peuple. On continue, d'ailleurs, à baser l'exportation sur les produits du sol, bien que le Ministère des Finances n'accorde aucun appui sérieux à l'agriculture.

En 1912, le revenu moyen était en Russie de 53 roubles par habitant, contre 233 en France, 273 en Angleterre et 345 aux Etats-Unis. En 1910, l'épargne représentait 96 roubles par tête en France, 106 roubles en Angleterre et 143 roubles en Allemagne, contre 16 roubles seulement en Russie.

Vers 1912, nos 10 banques commerciales avec un capital de 630 millions de roubles et nos 10 institutions de crédit foncier avec un capital de 160 millions voient leurs opérations se développer, mais elles ne soutiennent ni l'économie rurale ni le petit commerce. On n'ose même pas parler de crédit agricole; on ne se risque pas à émettre des warrants.

Et cependant, le budget monte de 2 milliards de roubles en 1903 à 3 milliards et demi en 1910; les dépenses de l'Etat sont couvertes au moyen d'emprunts; la dette publique passe de 1 milliard de roubles en 1892 à 6 milliards en 1904, puis à 9 milliards en 1914, sans compter 3 milliards d'emprunt intérieur; elle représente 2 roubles 80 kopeks par habitant contre seulement 5 kopeks par tête aux Etats-Unis. On recourt simultanément aux contributions indirectes, à l'impôt sur l'eau-de-vie et à l'augmentation de la circulation fiduciaire. En 1904, nous avons 774 millions de roubles de monnaies d'or et 518 millions de roubles-papier; en 1913, il n'y a plus que 628 millions d'or et 1450 millions de papier-monnaie.

Dans le budget de près de 4 milliards de roubles, les dépenses productives ne figurent que pour environ 8% et on ne donne presque rien à l'agriculture. La classe paysanne s'appauvrit de plus en plus. Et tandis que l'Angleterre, à côté d'un budget d'Etat de 160 millions de livres sterling, dépense encore 170 millions pour ses institutions de self-government, la Russie prive les Zemstvos de leurs maigres ressources.

Il est certain que notre industrie passait de plus en plus en mains étrangères, que l'activité de nos banques privées frisait les bornes établies par le code pénal et que l'administration financière entraînait le pays dans les dettes et dans des complications politiques.

La classe dirigeante, aussi présomptueuse que dépourvue d'instruction, poursuit aveuglément l'œuvre entreprise par Witte et hâte de toutes ses forces l'achèvement du temple que celui-ci a voulu élever au capitalisme occidental. Bien que la population rurale fût accablée par le fardeau de la commune, bien que la capacité d'achat de la nation fût des plus minimes, bien qu'il n'existât pas de classe moyenne laborieuse et que l'absence de techniciens se fît sentir dans tous les domaines de la production, on élève, sur le modèle européen, une façade absurde, un monstrueux édifice sans plan, sans fondation, en dépit du droit, du bon sens et des règles élémentaires. Car tout eût été normal, logique et même nécessaire s'il y avait eu un plan et si on avait fait en premier lieu ce qu'il fallait en faveur de l'agriculture laissée dans l'oubli et dédaignée, en donnant aux paysans les droits qui leur faisaient défaut. Alors aucune expérience n'eût été dangereuse.

Or, malgré ces erreurs dont l'énumération est incomplète, la richesse du pays était telle qu'il eût suffi d'introduire quelques réformes judicieuses dans le domaine rural et dans l'administration locale pour qu'en un clin d'œil la production fût triplée. Déjà le labourage d'automne et l'abandon de l'assolement triennal auraient doublé le rendement de la terre et favorisé l'élevage du bétail ainsi que le développement de l'industrie agricole. Les résultats obtenus dans les sucreries, dans plusieurs usines du midi et dans toute l'industrie textile de la région de Moscou témoignent de l'étendue de ces possibilités.

Il eût fallu, d'autre part, suivre une politique financière rationnelle et remettre les affaires du pays entre les mains de la nation.

L'Empereur Nicolas II avait conscience de l'imperfection et de la fragilité des innovations entreprises par ses ministres. Mais ceux-ci s'ingéniaient à lui démontrer que les lois financières et économiques et surtout les exigences de la politique s'opposaient à ce qu'on arrêtât la construction de l'immense édifice moderne du régime capitaliste; ils lui soutenaient que nous étions entraînés dans la circulation économique universelle et que des raisons politiques ou internationales ne permettaient pas de revenir en arrière. Plus tard, lorsque le Parlement adopta à son tour le programme de Witte et de la « société » radicale, il n'était plus possible de changer le cours des choses sans provoquer un bouleversement. L'Empereur ne voulut pas entrer dans cette voie. En tout cas, ce n'est ni à lui ni au régime que les ennemis jurés de la Monarchie peuvent imputer les erreurs commises et la situation arriérée de l'économie nationale.

D'ailleurs, l'immensité des richesses du pays, les ressources en terre, forêts, sous-sol et autres, le nombre et l'accroissement d'une population saine et vigoureuse étaient tels qu'il semblait impossible qu'un malaise vraiment sérieux pût être redouté. Certes, parmi les maux dont nous souffrions, la paresse de la population, surtout de la population grand-russienne, n'était pas le moindre. Pour la secouer, il aurait fallu des stimulants : la nécessité aurait pu nous contraindre à produire et à acquérir, la propriété individuelle nous donner le goût du travail, l'autonomie territoriale développer en nous l'esprit d'initiative et nous préserver des méfaits de la bureaucratie.

Cette situation n'échappait pas à la vigilance de l'Empereur qui, malgré l'opposition de la « société » et de la bureaucratie, n'abandonna pas la réforme agraire, persuadé que le développement de la propriété individuelle paysanne donnerait un nouvel essor à la vie du pays. Le paysan, sous le souffle de la liberté, commençait à s'enrichir. En trente ans, il allait devenir propriétaire, ce qui allait le mettre hors de toute atteinte et rendre invincible la puissance du Tsar et de la Russie.

Peut-être est-ce pour cette raison que, dès 1910, l'Allemagne institua une commission spéciale chargée d'étudier les questions de l'économie rurale et qu'en 1912, la presse anglaise manifesta un grand intérêt pour ce problème. Les gouvernements de ces deux pays étaient parfaitement renseignés sur les progrès du peuple russe... et semblaient y attacher une attention toute particulière.

Quoi qu'il en soit, la puissance du pays semblait inébranlable, l'organisation y paraissait solide, l'administration s'y poursuivait visiblement avec une régularité et dans un ordre tels que l'Empereur ne pouvait avoir aucune raison d'être inquiet ni pour la Russie ni pour lui-même.

Aussi était-il parfaitement fondé à ne pas croire ceux d'entre nous qui, depuis 1894, prédisaient la ruine du pays, la fin de la Monarchie, le partage des terres, la révolution, la guerre et toute la suite des malheurs, avertissements que le gouvernement et la « société » qualifiaient de folie.

Mais l'Empereur voyait encore autre chose : il voyait qu'en dépit des entraves, l'économie rurale, l'instruction publique, l'hygiène nationale, la construction des voies ferrées faisaient de sensibles progrès qui ne se ralentirent qu'à partir de 1905, du fait de la Douma, lanterne fumeuse ne donnant ni lumière ni chaleur, placée en travers de la route du progrès national et régional dans laquelle la Russie avait avancé, d'abord sous ses Tsars, puis sous ses Empereurs.

Néanmoins, une fois que la Douma fut appelée à siéger, l'Empereur Nicolas II n'admit plus l'idée de la supprimer. Il avait foi dans la « société » et dans le peuple, et croyait fermement qu'à l'ère des haines et des scandales succéderait un jour celle de l'honnêteté, du patriotisme et de l'esprit de travail.

LA GUERRE

Depuis longtemps, l'Europe se préparait à la guerre : la France pour se défendre, l'Angleterre pour assurer son hégémonie commerciale et maritime, l'Allemagne pour établir sa domination sur le continent et poursuivre la colonisation de la Russie. L'Autriche, quoique en pleine décomposition, espérait de se servir de la force allemande pour satisfaire ses visées ambitieuses. Les petits Etats, à l'exemple des grands, aspiraient à étendre leurs territoires. Et le proche Orient était une poudrière toujours prête à sauter. Les capitalistes se frottaient les mains en supputant les bénéfices en perspective et les socialistes escomptaient la conflagration mondiale pour renverser plus aisément les régimes établis

Seul, l'Empereur Nicolas II ne désirait pas la guerre. Dès le début de son règne, il avait donné une preuve éclatante de ses intentions pacifiques en proposant la réunion de la Conférence de La Haye. Le demi-échec de cette initiative lui avait causé une profonde déception et l'avait rendu plus réservé vis-à-vis de l'Occident. Il n'en était que plus étroitement et plus fortement attaché à « sa » Russie.

Mais la Russie, en tant qu'Empire, avait cessé de s'appartenir. Ayant pris rang parmi les « grandes puissances », elle pouvait être, à tout moment, entraînée dans un conflit.

L'Autocratie n'était pas belliqueuse ; elle avait rassemblé, défendu et organisé la terre russe presque sans violence. Le régime impérial, au contraire, tendait à la guerre. C'est ainsi que les armes russes avaient acquis la gloire sur tous les champs de bataille du monde et avaient fait dire du soldat russe qu'il ne suffisait pas de le tuer, mais qu'il fallait encore l'abattre. Ces succès n'avaient d'ailleurs pas empêché nos Empereurs entrés à Paris et à Berlin d'épargner la France et de sauver l'Allemagne. C'est aussi par sentiment d'humanité qu'Alexandre 1er avait refusé de s'associer à Napoléon 1er pour consommer la ruine de l'Angleterre.

Dans l'attitude de la plupart des puissances étrangères envers la Monarchie russe, on sentait toujours une certaine malveillance qui, aujourd'hui, ne fait plus de doute. Presque partout on affichait un profond dédain pour notre histoire, pour notre régime et pour le sort de notre peuple. Tous les renseignements que les étrangers et la « société » russe elle-même fournissaient sur notre compte, étaient faux et calomnieux ou empreints du sceau de la plus parfaite ignorance.

De nos jours encore, on méconnaît l'histoire de la Russie et le caractère que le pouvoir suprême y revêtait. Personne ne sait — ou ne veut savoir — que le peuple russe avait une vie libre et indépendante dont on n'ose même pas rêver en Occident. On ignore généralement le degré d'élévation de nos institutions judiciaires et de nos Zemstvos, la bénignité de notre système d'impôts et beaucoup d'autres choses parmi lesquelles il y a lieu de mentionner le bien-être général, l'abondance de produits de première nécessité, les maisons confortables et bien chauffées et toutes les commodités qui rendaient la vie russe si large, si riche et si facile que bien des gens s'y laissaient gagner par la paresse. Personne ne se doute de l'aisance dont jouissaient en Russie toutes les classes, y compris celle des paysans. Nous-mêmes nous ne savions pas en apprécier la valeur.

Nous nous considérions avec fierté comme faisant partie de l'Europe; mais l'Europe ne nous a jamais au fond admis dans son sein. A l'occasion, on nous faisait bien endosser de lourdes charges; mais on n'entendait point nous reconnaître le droit de cité.

Autre chose : tout en méprisant ce qu'on appelait notre barbarie, le despotisme du Tsar et l'asservissement du peuple, on n'était pas sans envier et même sans craindre notre puissance virtuelle. A la vue de nos progrès, les dirigeants de certains Etats étrangers se plaisaient à former le projet de faire de la Russie un Etat de second ordre.

Chez nous, personne ne se préoccupait des avertissements prophétiques de Gogol, de Dostoïevski, de Danilevski, de Khomiakov et de Voienski ; la bureaucratie et la « société » ambitionnaient de nous européaniser complètement et de nous faire adopter la culture occidentale qui, sur bien des points, n'était pas acclimatable chez nous.

La diplomatie russe était peut-être la branche la plus défectueuse de notre organisation bureaucratique. De tout temps — en dépit de la fermeté de nos Monarques — nos représentants à l'étranger ont fait preuve de mollesse, de pusillanimité, de servilité vis-à-vis de l'Occident. Sous leurs yeux et sans qu'ils s'efforçassent de réagir, l'opinion publique européenne devenait de plus en plus hostile à notre régime ; la conjuration russe entretient d'étroites relations avec la conjuration internationale. Les sieurs Izvolski et autres snobs mondains et anglomanes se font rampants devant la Grande-Bretagne ; nos ambassadeurs et certains de nos ministres, tels que Witte et Timiriazev, sont en extase devant Guillaume II.

Depuis 1911, il existe en Allemagne le plan de ruiner et de coloniser la Russie ; dès 1908, les Anglais étudient les moyens de renverser le tsarisme et de morceler la Russie en menues républiques. Les Etats secondaires prennent à ces projets une part plus ou moins active.

L'Empereur était mal renseigné sur les dispositions de l'étranger vis-à-vis de la sédition russe. Depuis son avènement, il avait à faire incessemment face à des complications sans nombre. Contenus jusqu'alors par la lourde main de son père, les ennemis de la Monarchie à l'intérieur et tous ceux qui en Occident préméditaient des plans d'agression contre la Russie, avaient compris que le nouveau Souverain était animé d'intentions confiantes et pacifiques. Il leur sembla que le moment fût venu de mettre leurs desseins à exécution et, profitant de l'inconscience de la « société » russe, ils se mirent à préparer soigneusement le terrain. On évita même de provoquer des attentats contre la personne du Tsar, comme si on eût voulu le préserver afin d'en faire la victime suprême.

Sans se départir de sa dignité, l'Empereur s'efforçait d'entretenir de bons rapports avec les différents chefs d'Etats dont certains se préparaient depuis longtemps à sévir contre la Russie. Dans la correspondance qu'ils entretenaient avec lui, ses confrères couronnés se montraient aimables et bienveillants ; ils lui donnaient de bons conseils, leurs sentiments pouvaient paraître sincères.

Mais les Monarques occidentaux et l'Empereur de Russie obéissaient à des mobiles différents. Les Parlements voulaient la guerre. Les programmes et les complots des socialistes coïncidaient avec les intérêts du gros capital, de la bourse et du commerce. De plus, il y avait en Occident de vieux comptes à régler qui ne pouvaient l'être que par la guerre. Les monarques n'osaient ni vouloir, ni répudier la guerre, ils ne pouvaient ni ne voulaient s'opposer au courant populaire et, afin de conserver leur prestige, ils sanctionnaient la volonté de leurs parlements.

Dans le crépuscule qui assombrit l'Europe, dans le bouleversement des idéologies et des traditions, le principe monarchique était secoué jusque dans ses fondements. Certaines nations et démocraties le conservaient encore, on dirait par pitié, comme une relique, un symbole des temps révolus. Mais il est évident que le principe monarchique était en déclin et que les Souverains eux-mêmes ébranlaient leurs trônes ainsi que leur autorité fondée jadis sur l'honneur chevaleresque.

Guillaume II, non content d'avoir profité de la guerre japonaise — et aussi de la sottise de la bureaucratie russe — pour arracher à son parent, l'Empereur Nicolas II, l'humiliant traité de commerce de 1904, se range maintenant du côté de ceux qui dressent des plans d'agression, de conquêtes et de violences impitoyables. Son peuple veut la guerre et rêve de se ruer sur la Russie pour la coloniser : il se sert de l'acier des usines Krupp pour livrer notre pays fertile à son peuple prolifique et, lorsque ses armes se révèleront impuissantes, il imitera le geste de l'apache qui dissimule son couteau dans sa manche et déchaînera sur la Russie l'incendie socialiste.

L'autre parent de notre Empereur, Edouard VII, ne s'est pas montré beaucoup mieux intentionné à son égard. Il usa de son influence pour attiser les intrigues secrètes de la diplomatie et poussa à la guerre dans le but d'affaiblir tous les Etats européens.

Hors la France, la Russie n'a pas d'amis. Un temps viendra où il sera démontré que des têtes couronnées ont trempé dans le complot formé contre elle depuis longtemps.

L'Empereur Nicolas II, lui, ne descend pas une à une les marches du trône. Il porte hautement le sceptre impérial. Il n'a qu'une parole, il croit fermement à la solidité des principes monarchiques et agit avec droiture.

Bien que la France républicaine ne compte pas peu d'ennemis du tsarisme, l'Empereur reste fidèle à l'alliance conclue par son père. D'ailleurs, la France, de son côté, demeure loyale et ne prend point part à la conjuration internationale.

La Russie ne désirait pas la guerre; aucun intérêt commercial ne l'y contraignait. Elle n'avait nul besoin d'un conflit extérieur et ne pouvait qu'y être entraînée malgré elle. L'Empereur Nicolas II, sur qui reposait toute la responsabilité, avait toutes les raisons de ne pas entrer en lutte. Mais les événements internationaux se déroulaient en dehors de sa volonté. Les organisations secrètes de l'univers s'étaient liguées contre lui. Leur force était trop grande. Seul, sans l'appui des autres Souverains, il était impuissant à enrayer leur action.

Une autre circonstance qui contribua à compliquer la situation du pays où depuis 1907 l'apaisement commençait à se faire, fut la vive effervescence causée à Pétersbourg par la question slave. C'est encore la « société » de la capitale qui souleva cette question vers 1909. Mécontents de voir le calme rétabli, les milieux radicaux — auxquels se joignirent des éléments étrangers — organisèrent des cercles néo-slaves qui s'écartèrent de l'ancienne idée slavophile représentée par le cercle moscovite sous la présidence de Samarine. Des gens du monde et des parlementaires se rendirent à plusieurs reprises dans les pays slaves et y fomentèrent l'agitation. La presse russe, le *Novoié Vrémia* en tête, se mit à réclamer en termes violents l'affranchissement des Slaves non plus de la domination turque mais de celle de l'Autriche. C'est tout juste si l'ambassade de cette dernière puissance ne fut pas mise à sac par la foule ameutée. On s'emporta dans des réunions, à la Douma, dans des banquets ; il se créa une atmosphère belliqueuse. En réalité, personne en Russie ne possédait de renseignements précis sur la situation et les aspirations de nos frères de race dont le peuple russe, pris dans son ensemble, ne se souciait guère.

L'auteur de ces lignes vit alors confisquer ses articles sur le danger de ce mouvement, cause possible d'une guerre mondiale, sur la nécessité de resserrer notre alliance avec la France et de conclure en même temps pour vingt ans des accords commerciaux avec l'Allemagne, le Japon et la Turquie.... Ces avertissements lui valurent, ainsi qu'à Charapov qui partageait ses idées, l'invitation venue d'en haut de s'abstenir d'écrire pendant quelque temps, « grâce à quoi » il s'en fut faire un séjour à l'étranger.

Cet engoûment belliqueux coïncidait avec la campagne que la presse de Pétersbourg et une partie de la presse européenne poursuivait en faveur des Slaves et qui était inspirée par l'Angleterre. Il est incontestable que l'agitation de la société russe contribua à rendre la guerre possible, probable et prochaine. La mèche avait été fabriquée en Allemagne, mais notre « société » et notre presse fournissaient la matière inflammable.

A la même époque des intelligences s'établissent entre les milieux radicaux de l'Occident et ceux de la Russie. J'ai des raisons d'affirmer que c'est en 1909 que des ordres dans ce sens furent donnés par l'Internationale aux différentes organisations locales.

Le calme et la fermeté de l'Empereur Nicolas II réussirent plus d'une fois à écarter des conflits et rien ne put entamer sa confiance dans la politique de la paix. Nombreux sont encore les témoins de la peine qu'il se donnait pour aplanir les malentendus qui surgissaient de toutes parts et de l'autorité avec laquelle, en restant calme lui-même, il inspirait le calme à son gouvernement, et par-dessus celui-ci au pays même. Mais le pacifisme de la diplomatie et de la bureaucratie étaient des plus douteux. Quant à la société de la capitale, elle poussait ouvertement à la guerre.

L'heure est venue. La conjuration occidentale, ayant bien préparé son plan, décide en 1914 de déclancher le conflit. Le prétexte est vite trouvé. L'Allemagne chauffée à blanc est lancée en avant. Le sort du monde dépend de décisions prises en quelques minutes. Notre Empereur propose, jusque dans le dernier moment encore, une solution pacifique. Guillaume II esquive cette dernière occasion. Une heure après il est trop tard, la machine militaire une fois mise en marche ne peut plus être arrêtée et ne permet pas d'éviter le carnage. L'inévitable s'accomplit. L'honneur du pays est en jeu : la Russie est entraînée dans la guerre.

L'Empereur, qui a connu déjà les angoisses de la guerre et de la révolution, subit courageusement cette nouvelle épreuve. Confiant dans la force de l'armée, dans son peuple et dans les destinées de la Russie, il endosse sans arrière-pensée les risques de la guerre. Pour lui, la victoire n'est pas douteuse. En effet, malgré les chicanes de la Douma tendant à réduire les crédits militaires, la Russie est prête à supporter la lutte, le haut commandement se trouve entre les mains de stratèges de valeur auxquels il laisse toute l'initiative et toute liberté de conduire les opérations, l'armée marche résolument vers les frontières et reçoit le choc longuement préparé contre elle par la Germanie impérialiste.

D'ailleurs, les manifestations enthousiastes qui s'étaient produites au début des hostilités, avaient fait espérer à l'Empereur que cette guerre allait se dérouler dans des conditions moins défavorables qu'en 1904, où la « société » dressait toutes sortes d'obstacles et que la jeunesse universitaire de Pétersbourg envoyait au Mikado des télégrammes de félicitations. En 1914, au contraire, ce fut une véritable explosion de patriotisme; on assista à des scènes attendrissantes, des radicaux fraternisaient avec le député réactionnaire Pourichkiévitch et le mot d'ordre général était « jusqu'à la victoire finale ». Dans le délire on n'oubliait qu'une chose : c'est que la « société » irresponsable et les législateurs rétribués pouvaient bien troubler l'air de leurs cris, mais que seul le Monarque répondait de la Russie.

Une année de guerre se passe. De même qu'au temps de la campagne de Mandchourie, la comédie du patriotisme jouée par la « société » ne dure point. Les agissements de 1905 reprennent. Les premiers revers en Pologne sont imputés à l'Empereur et au régime. La « société » est mécontente du Monarque; elle prétend avoir pu mieux faire. L'arrière qui n'a pas cessé de se livrer à la débauche, fait entendre des critiques et des murmures. En France, comme en Allemagne,

pour deux hommes au front il y en a un à
l'arrière ; chez nous, la proportion est renversée.
La province conserve encore une tenue conve-
nable ; mais les embusqués de la capitale emplis-
sent les lieux de plaisir, jettent l'argent par les
fenêtres, font les pitres, intriguent et sèment la
calomnie contre l'Empereur.

A Paris, à Berlin, tous les lieux de divertis-
sement sont fermés ; on y vit dans le recueille-
ment, dans la tension patriotique, dans l'obéis-
sance absolue au pouvoir. Chez nous, l'Empereur ayant interdit la vente de l'alcool, le peuple
et les soldats ne boivent plus ; mais dans les villes,
dans le monde, dans la « société », on passe des
nuits à s'enivrer.

La « société » corrompue et frondeuse mur-
mure, et peu à peu les bruits répandus par les
Goutchkov et consorts s'infiltrent jusqu'au front.
Le Bloc des conjurés montre les dents, les fonctionnaires et les gens du monde suivent le mouvement.

Or, on apprend que les revendications du Bloc
ont les sympathies des Alliés et sont notamment
soutenues par l'Angleterre.

On ne cesse d'importuner l'Empereur, on
abuse de sa patience en l'entretenant de futilités.
On va presque jusqu'à lui manquer de respect.
Mais le Bloc, ni la Douma, ni les Puissances, per-
sonne ne peut obtenir de lui aucune concession.
Il ne cède pas parce que toutes les réclamations

qui lui sont présentées sont aussi insolentes que déraisonnables.

Le gouvernement est impuissant. Les ministres démissionnaires sont remplacés par d'autres qui ne valent pas mieux. Le niveau de la bureaucratie ainsi que celui des Chambres est uniformément au-dessous de la moyenne. Impossible de trouver dans leur sein, pas plus que dans les rangs de la bureaucratie, des gens capables de gouverner.

Aussi la conjuration trouve-t-elle le moment opportun pour agir. Les directives sont données à la « société », à la Douma et au public sur la façon de procéder à un coup d'Etat. Tout est coordonné : depuis le mois de septembre 1916, un groupement révolutionnaire est organisé en Suisse sous la direction de Lénine auquel le gouvernement provisoire, issu du Bloc, n'aura plus qu'à donner le signal de venir au secours de la révolution. L'histoire ne pourra un jour que discriminer ceux qui ont été à la solde de l'Allemagne de ceux qui ont agi sous l'inspiration de l'Angleterre.

Dans cette atmosphère surchargée d'orage, l'Empereur reste calme et ferme. L'inquiétude de l'Impératrice ne le gagne point. Les désordres ne lui font pas peur. Les revers de 1915 lui font peser la gravité de la situation; il décide sans hésiter d'assumer personnellement le commandement suprême. Confiant dans ses généraux, il s'entoure des personnalités les plus réputées pour leurs capacités militaires sans se préoccuper de leurs opinions ni de ses préférences personnelles. Il se dépense sans compter et travaille infatigablement à la préparation de la victoire finale. En 1917, le front est rétabli ; l'armée, qui dépasse dix millions d'âmes, est prête à prendre l'offensive au mois d'avril.

Persuadé de la fin glorieuse et prochaine de la guerre, l'Empereur ne veut pas admettre qu'une révolution puisse éclater sous les yeux de l'ennemi, à la veille de la victoire. Il a confiance dans la valeur de son armée fidèle et dans la loyauté du haut commandement.

RASPOUTINE

Ce nom vulgaire — ou plutôt ce surnon qui signifie « débauché » — est entré dans l'histoire. C'est avec intention qu'on lui avait attribué de l'importance. La conjuration contre la Russie, qui est maintenant un fait indéniable, avait exploité la guerre comme condition préalable de la révolution; mais il fallait imaginer un accessoire réel, un prétexte susceptible de ternir la pureté sans tache de l'Empereur et celle de sa famille, dans le but d'atteindre par là la Monarchie elle-même.

L'Empereur Nicolas II consacrait la plus grande partie de son temps aux affaires d'Etat; il ne lui en restait guère, en dehors des cérémonies officielles, pour des réunions mondaines, spectacles et autres divertissements. C'est au sein de sa famille qu'il passait ses rares instants de repos. Il s'occupait activement de l'éducation très soignée que recevaient ses enfants. La santé de son fils unique lui causait, ainsi qu'à l'Impératrice, les soucis les plus graves, des sommités médicales s'étant déclarées impuissantes à triompher de l'hémophilie dont il était atteint.

C'est à l'occasion d'une crise où la vie du

grand-duc Alexis s'était trouvée en danger que fut introduit au palais, par un haut prélat, le fameux « père Grégoire ». Il n'y parut d'ailleurs que rarement, aux heures de souffrance de l'héritier du trône. Le traitement de son fils par les herbes de Badmaïev, médecin thibétain, ami du « staretz », ayant donné quelques bons résultats, la malheureuse mère du tzarevitch se mit à espérer éperdument en l'efficacité de cette médicamentation accompagnée de prières.

On ne peut nier que la nature nerveuse de l'Impératrice, cruellement éprouvée par la crainte constante pour son fils, subissait à son insu une influence magnétique, comme elle avait subi auparavant celle du médecin français Philippe. On retrouve chez elle une part de la superstition spirite de la croyance au médiumisme qui régnait alors dans les milieux de la Cour et de la haute société pétersbourgeoise.

Les conditions dans lesquelles vivait la Souveraine, presque complètement séparée du monde, la fréquence des cérémonies religieuses, l'inclinaient au mysticisme. Les menaces de la première révolution, les attentats répétés, les spectres de Louis XVI et de Marie-Antoinette hantaient son imagination maladive et lui faisaient rechercher un secours d'en-haut. Se sentant trahie jusque dans son entourage, elle cherchait refuge dans l'amitié d'une femme de sa suite qui s'en révéla indigne. Enfin, les bruits de réprobation que la société pétersbourgeoise répandait sur le « staretz », l'avait conduite à voir en ce dernier une victime de l'injustice et exalter d'autant son mérite.

Le Tsar, qui n'admettait pas qu'on osât intervenir dans sa vie privée et qui ignorait d'ailleurs la conduite extérieure de ce « comédien-dévôt », ne voulait pas contrarier le mysticisme maladif de son épouse. Il considérait le « staretz » comme un de ces illuminés que le peuple russe a produits fréquemment et se montrait plein d'indulgence pour sa vulgaire franchise.

Ayant ainsi pénétré dans l'intimité des Souverains, le rustre comprit que s'il n'avait rien à perdre, il pouvait tirer de grands avantages de sa situation privilégiée. Il s'observait avec soin quand il était mandé au palais, s'y tenait décemment, jouait habilement son rôle de simple et d'illuminé, mélangeait une fruste franchise à la dévotion, la sévérité à la bienveillance et prit peu à peu de l'ascendant sur l'âme inquiète et douloureuse de l'Impératrice.

Il est désolant certes que le couple impérial, dont les mœurs étaient aussi pures que simples, ait accordé sa confiance à ce vil intrigant sans scrupules. On ne peut ne pas voir là une fatalité, l'ironie satanique du destin qui, dans cette époque de débauche, fournissait ainsi à une société perdue de vices, un faux-semblant de raison de juger avec une hypocrite sévérité la plus irréprochable de toutes les familles russes.

Mais, si l'Empereur souffrait le « staretz » par

égard pour l'Impératrice qui avait foi dans sa force mystique, il est faux que ce parasite ait jamais exercé une véritable influence politique. Le plus qu'on puisse dire, c'est que certains ambitieux purent se servir de lui pour faire appuyer quelque compétition personnelle et que, patronné par certains fonctionnaires en disponibilité, il s'employa avec finesse à leur faire obtenir de menues faveurs. A cela se borne le crédit dont il jouissait à la Cour.

On lui a attribué le choix de gens qui furent investis du pouvoir et qui conduisirent la Russie à la ruine. Inepte accusation! Avait-il été pour quelque chose dans la nomination de Pobédonostsev, de Plévé et de Witte qui, à des titres divers, sont responsables de la situation dans laquelle se débattait le pays? Est-ce lui qui avait inspiré celle de Stolypine qui avait failli ramener la Russie dans la bonne voie et qui eût assuré son salut s'il n'avait pas été lâchement assassiné?

La vérité, c'est que, depuis la mort de ce grand homme d'Etat, le niveau des cadres bureaucratiques avait fortement baissé. Et d'ailleurs, le faible Sturmer n'était-il pas le chef de la droite modérée au Conseil de l'Empire et à la Douma lorsqu'il fut fait Président du Conseil? de même, Khvostov et Protopopov n'étaient-ils pas les favoris des modérés et des radicaux à la Douma? Peu intelligents et faibles de caractère, ils personnifiaient la médiocrité bureaucratique et politique. Les gens de valeur et de courage faisaient complètement défaut. On le vit bien lorsque la révolution éclata : elle ne fit surgir des couches profondes de la « société » que des gens d'une nullité encore plus manifeste que ceux qui avaient exercé le pouvoir pendant les dernières années du règne.

Il est certain que des ministres tels que Maklakov, Sturmer, Protopopov, Dobrovolski, Khvostov et Raëv, fréquentaient quelquefois le « staretz »; mais, si imprudente et si funeste qu'ait été leur politique, personne n'ose les accuser de connivence avec lui. Aucune de leurs erreurs ne peut être imputée à ce dernier. Cela fut nettement établi par l'enquête que le Gouvernement Provisoire prescrivit en été 1917 et qui ne put relever contre ces ministres, pas plus que contre l'Empereur ou l'Impératrice, aucun acte d'Etat auquel eût pu être mêlé le nom de Raspoutine.

De même, dans son *Histoire de la Révolution russe*, où il s'étend longuement sur les causes politiques de la catastrophe (sans s'arrêter à ses causes économiques), le professeur Milioukov, qui a lancé le premier la calomnie de la « trahison », ne relève point d'événements auxquels Raspoutine eût pris une part active.

Le livre de Gourko, consacré dans sa plus grande partie aux turpitudes de ce vulgaire charlatan, ne cite non plus aucun acte de caractère politique imputable à Raspoutine. Tout en condamnant la conduite du « staretz », il reconnaît « qu'il ne donnait de mauvais conseils à personne, qu'il voulait le bien du pays et de la dynastie... et qu'il fit même preuve de bon sens en préconisant l'entente avec la Douma, l'amélioration du système de ravitaillement, l'accroissement des effectifs et la poursuite de la guerre jusqu'à la victoire. »

Ces témoignages devraient suffire à démontrer la fausseté des basses accusations portées contre l'Empereur par les écrits d'un prince Youssoupov, d'une Izvolska, d'un instigateur de la révolution tel que Rodzianko et d'un tas d'autres auteurs russes et étrangers.

Il est certain qu'aucun des événements qui ont abouti à la chute de l'Empire n'a été provoqué directement ni indirectement sous l'impulsion de Raspoutine. Jamais cet aventurier de bas étage n'a exercé d'ascendant sur l'Empereur, — qui, contrairement à ce qu'on a prétendu, ne se laissait pas influencer facilement, — et jamais il n'a été en mesure de peser en quoi que ce soit sur les affaires de l'Etat et encore moins sur la marche des événements.

On soupçonne le « staretz », — bien que la preuve n'en soit pas établie, — d'avoir été l'agent de l'Allemagne, en même temps que celui de l'Internationale par l'intermédiaire de ses sections russes, et d'avoir servi de lien aux différents blocs politiques. La bande qui l'entourait, les Manus, les Simanovitch, les Manoussévitch, les Rubinstein et les gens douteux qui évoluaient autour des milieux mondains, donnent lieu de croire qu'il était devenu un instrument plus ou moins conscient entre des mains hostiles.

On savait que, par mépris de la calomnie, l'Empereur ne ferait rien pour se justifier; on savait aussi qu'il ne tolérerait pas d'immixtion dans sa vie de famille. On joua sur cette corde dans le dessein d'irriter les Souverains et d'accroître par là même leur attachement au « staretz ».

Ce perfide calcul était juste et conduisit au but désiré. La figure du paysan débauché grandit démesurément et prit l'aspect de l'ombre du Destin. Des Corday surgirent qui voulurent par sa mort « sauver » la Russie. Le scandale de ce meurtre devint le signal de la révolution. Et du coup, le peuple apprit, en même temps, qu'il existait un certain Raspoutine et que la trahison menaçait le pays. La légende infâme fut bien au point et fit son œuvre.

Le « staretz » et la trahison : voilà ce qu'on avait trouvé pour diffamer l'Empereur! Les salons mondains, la « société », la bureaucratie, le monde du commerce et de la finance, une partie de l'armée, la presse, les villes se firent l'écho de la rumeur immonde. La Douma d'Empire applaudit le misérable qui révéla cette « découverte ». Plusieurs ministres, certains dignitaires se démirent de leurs fonctions donnant par là du crédit et du renfort à la calomnie. Des lettres insolentes, hystériques, menaçantes furent adressées à l'Empereur par des personnes de son entourage immédiat. La panique devint générale et se répandit dans le monde entier. Les Alliés allèrent jusqu'à réclamer le contrôle militaire du Chef suprême de l'armée... C'est ainsi qu'autour de la personne d'un moujik insignifiant, il se forme artificiellement une légende épique qui n'est que la plus malpropre des tragicomédies et dont le dénouement est un assassinat lugubre et théâtral.

Aussitôt après l'acte final de cette sinistre bouffonnerie, les « chefs » de la « société », les futurs dirigeants, se réunissent chez l'Ambassadeur d'Angleterre et proclament la nécessité d'un changement de régime « dans l'intérêt de la victoire ». Le bruit est répandu dans les rues que les approvisionnements de la capitale sont épuisés, ce qui était faux. Une liste circule qui réunit de fortes sommes pour la cause de la révolution. Les stipendiés travaillent ferme. La Douma est prête à prendre la direction du coup d'Etat. Les fils de la conjuration se rejoignent...

Or, ainsi qu'il a été dit plus haut, l'enquête ordonnée par le Gouvernement Provisoire dans l'esprit évident de prouver la culpabilité de l'Empereur, de la famille impériale et du « staretz », ne put établir aucun fait politique à leur charge. Tous les commérages sur la prétendue trahison de l'Impératrice furent reconnus dénués du moindre fondement et ne resteront dans l'histoire que comme l'exemple de la plus lâche des calomnies.

Il fallait une accusation et une exécution: la
première s'était révélée fausse, mais la seconde
fut consommée. A qui appartiendra-t-il d'instrui-
re le procès de la « société » et de la juger pour
avoir commis une aussi odieuse diffamation et
accompli une exécution aussi injuste et criminelle? Où est-elle, cette « société »? Où la prendre? Quel est le tribunal qui la jugera?

Les historiens vont-ils faire la conjuration du
silence sur ces « épisodes »? S'en trouvera-t-il
qui auront le courage ou simplement l'honnêteté
de dire la vérité? Ou bien se tairont-ils pour épargner à la « société » la réprobation des générations à venir et laisseront-ils la calomnie se per-
pétuer dans la profondeur des siècles?

LE COUP D'ÉTAT

C'est au cours d'une conférence qui se tint en janvier 1917 chez l'Ambassadeur d'Angleterre, sous les yeux du gouvernement russe, que la sanction fut donnée au coup d'Etat.

Sur la scène, le Tsar..., la « société », l'armée et le peuple.

Quels prétextes invoque-t-on pour justifier le coup d'Etat et la révolution? Raspoutine et le manque de vivres. L'un est aussi faux que l'autre. La Russie est remplie de provisions, dont les réserves feront vivre les nouveaux gouvernements pendant des années.

C'est cependant sous ces chefs d'accusation que la Douma, après avoir prononcé le mot de « trahison », met en cause le pouvoir et provoque le décret de dissolution.

Elle tient tête et refuse d'obéir. Pour ameuter la foule, il faut en effet un poste de concentration. Jusqu'en 1905, il n'y en avait pas, et c'est pourquoi la révolution avait échoué. En 1917, la Douma sera ce centre; elle n'avait été crée que dans ce but.

On lâche dans la rue l' « intelliguentsia » repue, avec le mot d'ordre de réclamer « du pain ». Pendant trois jours, c'est à peine si on rencontre des ouvriers dans la foule. Par ci par là, on signale quelques grèves. Mais le pays, dans toute son étendue, est parfaitement tranquille. C'est seulement le quatrième jour que des soldats paraissent dans la rue.

Témoin oculaire, voici ce que j'ai vu.

Du 23 au 26 février, des groupes d'intellectuels circulent en désordre sur la perspective Nevski ; très peu de gens du peuple. Des rues avoisinantes, on entend quelques coups de feu. Il y a quatre tués. (Pendant les cinq jours suivants, ce nombre montera à 83). Au bout de la perspective Liteïny, devant le Palais de Justice en flammes, une foule de 500 personnes, qui ont pénétré dans l'Arsenal et se sont emparé de vieux fusils. Au milieu de cette cohue, quelques orateurs montés sur des camions lancent des appels confus.

Les postes militaires ont regagné leurs casernes. C'est seulement le 28 février que la foule devient nombreuse sur la place de la gare de Moscou. Pendant les quatre premiers jours, les soldats isolés qui se mêlent à la foule, se conduisent convenablement. Des coups de feu sont tirés en l'air, et rien que dans le quartier de Liteïny, aux alentours de la Douma.

Durant quatre jours, des détachements d'environ deux mille soldats font la ronde entre l'Amirauté et la rue Gorokhovaïa, c'est-à-dire dans le quartier où sont situées les principales Administrations d'Etat, mais où il n'y a pas d'attroupements. Une sotnia de cosaques est envoyée à deux reprises pour disperser la foule qui stationne devant le Palais de Justice incendié, mais chaque fois elle rebrousse chemin sans pousser jusquelà.

Pas un ministre, pas un général ne se montre dans la rue. Ils se tiennent dans la maison du Gouverneur de la Place jusqu'à la journée du 28 où ils prennent la fuite en arborant des insignes révolutionnaires.

Jusqu'au 27, les ouvriers se rassemblent dans les quartiers populaires de la rive droite, mais on ne les voit pas dans le centre et c'est seulement le 28 qu'ils viennent en cortège à la Douma.

C'est tout ce qui s'est vu à Pétersbourg pendant les cinq premiers jours de la soi-disant révolution: des attroupements peu importants dans deux ou trois points de la capitale. Aucune tentative ne fut faite pour les disperser. Il y avait dans la rue des fauteurs de désordre, il n'y eut point de réelle poussée révolutionnaire.

La révolution partit de l'enceinte de la Douma. Ce qui s'y trouvait réuni n'était point le peuple, c'était la lie de la « société », de l' « intelliguentsia », de la classe ouvrière et de la soldatesque. C'est là que le mot de révolution fut prononcé par des membres mêmes de cette assemblée et répandu ensuite par les organes de la presse à travers la Russie. Malgré cela, la province conserva le calme jusqu'au 10 mars, lorsque Moscou se joignit au mouvement.

Si je cite ces faits connus, c'est pour souligner la monstruosité du mensonge infâme commis par la Douma. Alors qu'à Pétersbourg, il ne s'était produit entre le 22 et le 28 février aucun soulèvement méritant d'être qualifié de révolutionnaire, alors que les attroupements étaient numériquement insignifiants et relativement paisibles et qu'il n'eût tenu qu'à elle de les contenir, alors que tout le reste du pays était absolument tranquille, la Douma, par l'organe de son président, fit savoir à l'Empereur qui était au Grand Quartier Général, ainsi qu'à tous les commandants de groupes d'armées, que la révolution battait son plein avec une force irrésistible.

Et dire qu'aucun bureaucrate, aucun chef militaire n'eut le courage de renseigner l'Empereur et de lui dévoiler ce nouveau mensonge, cette fourberie sans pareille! L'histoire n'a jamais enregistré de crime aussi répugnant. Des événements de ces lugubres journées, il se dégage quelque chose de vil et de mesquin. Personne n'ose rien. Tout le monde est dans la lâche attente d'on ne sait quoi et, à travers le pays, par la voix menteuse du président de la Douma et de la presse, se répand la clameur: la Révolution est triomphante!

Elle triomphera en effet lorsque, en présence de cette rumeur, le peuple, mis en furie par une joie primitive de se sentir libre de tout lien, commencera à se perdre en se livrant à tous les excès. La Douma, qui n'est pas le peuple, n'est pas non plus la Révolution. Lénine, sur son balcon de l'hôtel Kchessinska, est plus fort que toute la Douma. La révolution, c'est lui, forçat de vocation, mercenaire, espion, oppresseur, esclave révolté, mais qui sait ce qu'il veut et se moque de la Russie, du peuple et de l'humanité.

Ces journées de fin février, où la Douma feint d'agir pour le salut de la Russie et pour la victoire, ne sont qu'une vaste et inepte duperie qui fausse le cours de l'histoire. Tout le monde avait menti sur le compte de l'Empereur, maintenant tout le monde le trompe, la « société » comme la bureaucratie, la Douma comme le commandement militaire. La décomposition, commencée en 1904 dans les classes dirigeantes, est en train de gagner le pays tout entier.

Ces journées du coup d'Etat ne sont pas terribles du fait de la révolution, aussi pitoyable que méprisable, ni à cause du spectacle de la déchéance de la « société », de l'armée et du peuple qui a conquis le « droit au déshonneur »; elles sont rendues terribles par la manière dont les événements ont été accueillis au Grand Quartier général.

Nous voyons se présenter devant le Tsar le chef de « la société » russe, le « chambellan de Sa Majesté » Rodzianko, qui après avoir eu l'audace de traiter avec lui par téléphone, de proférer des menaces, vient maintenant lui dicter des décisions à prendre, sûr qu'il est, depuis 1915, d'être soutenu par des chefs militaires.

Cependant l'Empereur ne se laisse pas impressionner par le spectre mensonger de la révolution qu'on agite devant lui. Visiblement, il n'y croit pas. Il ne croit pas que son gouvernement ait lâchement abandonné les rênes du pouvoir, il ne croit pas que dans la bureaucratie, dans les hautes institutions, au Sénat, au Conseil de l'Empire, parmi les commandants de l'arrière il ne se trouve d'homme d'honneur et de courage.

Au surplus l'Empereur est au Grand Quartier Général, il est chez lui, comme chef suprême de toute la force armée du pays. Evidemment, il ne peut pas ne pas y être en sûreté.

Or, à ce Grand Quartier-Général même, il se produit des événements qu'aucun esprit des plus lucides n'eût pu prévoir. Ce terrain aussi est tout préparé par la conjuration ; mais nous ne saurons que plus tard comment celle-ci s'y sera prise.

Le 2 mars, quatrième jour des désordres (désordres qui, répétons-le, n'ont pas encore dépassé l'enceinte de Pétersbourg), le général Alexéïev, après toute une nuit de mystérieuses conversations téléphoniques, envoie, à six heures du matin, sans en référer à l'Empereur, chef suprême de l'armée, une circulaire à tous les commandants en chef, exposant la situation qui s'est créée et les invitant à soumettre à l'Empereur, par son intermédiaire, leur avis sur la solution à y donner ; la circulaire ajoutait que, d'après Rodzianko, la poursuite de la guerre n'était possible qu'à condition que l'Empereur renonçât au trône.

A cette communication, tous les commandants en chef, à l'exception du général Sakhorov, répondent aussitôt par des télégrammes identiques que le général Alexéïev fait suivre à Pskov à l'Empereur, dès onze heures de la même matinée, — ainsi que tout cela résulte du rapport du chef d'état-major Serguievski.

Ainsi, sans autorisation de l'Empereur, chef suprême de l'armée, sans même se présenter personnellement à lui, les généraux investis par lui du haut commandement, prennent la liberté inouie de lui remontrer que l'abdication est indispensable dans l'intérêt de la guerre.

Le problème posé devant l'Empereur est tragique.

Il a, comme en 1905, dressée contre lui, la « société » de Pétersbourg qui fait cause commune avec la rue. Le reste de la Russie demeure tranquille, cette fois encore ; le pays ignore tout et garde le silence. Tourne-t-il ses regards vers l'armée dans la personne d'Alexéïev qui en est le chef après lui, il voit son collaborateur le plus proche prendre fait et cause pour la « société » et la lie des faubourgs, entretenir une correspondance clandestine avec les généraux du front et provoquer leur avis condamnant leur souverain.

Nous laissons à l'histoire le soin de déterminer comment et à quel moment les chefs militaires étaient tombés d'accord avec la révolution d'une façon aussi touchante et quelles raisons les avaient incités à trahir aussi ignominieusement leur Empereur.

Avait-on au moins essayé d'enrayer le mal? Pas la moindre tentative. Toute la bureaucratie civile et militaire s'était mise à trembler et s'était rendue du premier coup, sans esquisser un geste pour la défense de la Russie, de l'Empereur, du régime, de l'armée, sans même un effort pour assurer sa propre existence.

Où sont donc les vaillants d'antan? Où sont les Mentchikov, les Chérémétiev, les Volynski, les Potemkine, les Souvorov, les Koutouzov, les Kissélev? Que de noms glorieux! Que de caractères de forte trempe! Où sont ces gens de valeur qui composaient la « société » et la bureaucratie sous Nicolas Ier et Alexandre II?

Où sont les Soussanine et les Minine? Ni autour de l'Empereur, ni à Pétersbourg, il n'y a personne. Tous sont fondus dans la masse de l' « intelliguentsia », ou se sont avilis dans le snobisme, dans la débauche et dans des spéculations mercantiles. Le prince Dolgorouki, Tatitchev, le docteur Botkine seuls n'abandonnent pas le Tsar. C'est tout. Plus tard, on cherchera en vain Coblence. Et à ce moment-là, on n'entrevoit point de Minine... Jusque là, c'est tout ce qu'on voudra mais point une révolution. Celle-ci ne commence qu'à partir de l'abdication du Tsar. Et cet acte-ci, est encore arraché par un mensonge.

L'ABDICATION

C'est dans la nuit du 2 au 3 mars que le complot se consomma. Au mépris de leur serment, de la discipline, de l'histoire, de la gloire du passé, les chefs militaires, comme les députés, se joignirent à la « société » pour juger leur Empereur et Chef suprême et pour lui « conseiller » ou pour le prier — peu importe — de renoncer au trône, c'est-à-dire de décapiter la Russie.

Pourquoi? pour quelles raisons? Aucune explication à cela, comme pas d'explication aux assassinats de Paul Ier et d'Alexandre II, ou à la mort de quinze millions de gens qui vont périr au cours de la révolution.

Jamais le monde ne vit aussi monstrueuse iniquité. Elle ne fut rendue possible que par les particularités ethniques de la « société » russe. Le peuple n'y fut pour rien. C'est d'en haut que l'anarchie sanguinaire s'est abattue sur le pays, frayant le chemin au bolchevisme.

L'Empereur resta d'abord indifférent aux menaces de la Douma. L'armée n'était-elle pour lui? Mais voici que les chefs de cette armée se tournent contre lui... la chaîne se referme... toute l'armée! Toute l'armée? Si non, où sont les unités fidèles à leur Chef suprême?

Sur ce point encore, l'histoire garde un morne silence. Le fait est là : pas un bras ne se lève pour la défense du souverain.

Le Tsar est trahi.

Toute la Russie est trahie.

Trahie aussi, l'armée. Il n'y a plus d'armée, c'en est fait de la Russie.

L'Empereur avait le choix entre trois solutions.

Il pouvait céder à la « société », consentir à l'avilissement de son pouvoir autocratique en en sacrifiant l'essentiel, et s'abaisser au rôle d'un pantin entre les mains de la « société » et des intrigants de l'étranger. Il n'hésita pas à repousser l'idée seule d'une pareille déchéance.

En présence de la trahison de ses généraux et des sommations des deux Judas délégués par la Douma, l'Empereur pouvait ordonner le rassemblement des troupes et proclamer la dictature après avoir fait fusiller les généraux et les députés traîtres. C'était répandre le sang des soldats, risquer une lutte fratricide, compromettre le sort de la guerre. Quelque probable que fût le succès, il n'en voulut pas à ce prix.

Restait la troisième solution : l'abdication. C'était la seule et il la choisit. Il déclara simplement : « Il n'est pas de sacrifice auquel je ne sois prêt pour le bien de la Patrie. »

Immédiatement, au Grand Quartier Général, sous la direction du général Loukomski, l'acte d'abdication fut rédigé. Dans la nuit même du

3 mars, les membres de l'Etat-major apprirent que l'Empereur avait abdiqué en son nom et en celui de son fils. Le général Alexéïev s'empressa complaisamment d'en aviser les commandants d'unités du front.

Ce fut tout. Et c'est en cela que l'heure fut fatale. La Russie vint au tournant de son histoire. Son sort se fixa : la guerre était finie.

L'Empereur comprit tout. Son jugement est contenu dans ces mots : « Autour de moi il n'y a que mensonge, lâcheté, trahison ». L'histoire homologuera ces paroles. Seul, l'Empereur avait le droit de juger. Et sa sentence est terrible.

**

Dans la nuit angoissante de son abdication, il dut voir passer sous ses yeux, en images rapides, les destinées de la Russie, les monuments de l'activité créatrice de ses ancêtres, les vastes étendues de son immense empire, tout ce peuple innombrable et le rayonnement de son avenir probable. Sa conscience est sans reproche. Toute sa vie il a travaillé sans repos au bonheur de son peuple. Ses buts ont toujours été nobles. Et il eût été si facile de les atteindre !

Souverain d'une vieille et puissante nation, il va, en cette minute, en suspendre la vie et le cours de l'histoire. Autour de lui, tout se tait et veut son humiliation. Seul, contre des millions, il accomplit dans la prière le Mystère de l'Abdication. C'est l'écroulement du pouvoir impérial renversé par les forces occultes de l'Internationale et par les éléments malsains de la société russe soudoyés par celle-là.

Le 1er et le 2 mars sont les jours les plus marquants de l'histoire de la Russie, car ils posèrent devant elle la question d' « être ou ne pas être ». Autocratie ou Etat socialiste? Empire unifié ou république? Victoire ou défaite? Gloire ou opprobre? Liberté du peuple sous la Monarchie, ou esclavage social et économique? Et enfin, indépendance millénaire et progrès conforme aux aspirations nationales, ou asservissement complet à un joug mille fois plus odieux que celui des Mongols? En ces heures fatales, la Russie chrétienne frémit de voir le peuple livré pour longtemps au pouvoir du démon.

Seul, l'Empereur n'est pas vaincu. En vain, les chroniqueurs réduisent-ils le moment de l'abdication à un simple épisode. Ce n'est pas un acte politique que l'Empereur accomplit, c'est un mystère sacré qu'il célèbre. Cette interprétation est conforme à l'histoire millénaire du pays, au lien religieux qui unit le Tsar à l'église orthodoxe et au peuple. Cet acte de l'Oint de Dieu est le rite d'une religion qui est encore celle d'une grande partie de l'humanité.

La silhouette solitaire de l'Empereur se dresse sur le seuil qui sépare le passé de l'avenir. Son sacrifice est à l'échelle de l'immensité du pays auquel il se donna en holocauste. Des trois éléments dont la nation se compose : pouvoir, peuple et société, l'image du Tsar rayonne dans sa grandeur et sa blancheur de neige, celle de la Société plonge dans les ténèbres de la bassesse et du crime; quant au Peuple trompé, il souffre obscurément, victime de son ignorance.

La main-mise sur le pouvoir fut réglée avec méthode. On commença par créer autour de lui une effroyable solitude. Puis ce fut l'annonce mensongère de la révolution, la mise en accusation sous le chef de trahison. La rapidité des actes, l'échange de télégrammes avec les généraux, le train impérial errant sur les voies, les mesures pour empêcher le Tsar de rejoindre sa famille et la capitale démontrent que tout fut combiné à merveille. Les agents de l'Internationale et de l'Allemagne eurent lieu d'être satisfaits de leurs complices russes. Aucune main ne se leva pour saisir à la gorge ces misérables et leur demander compte de leurs méfaits!

On dit qu'il y a eu deux révolutions. C'est faux. Il n'y en eut qu'une, celle de février. Les Rodzianko, les Goutchkov et autres l'ont commencée; les Lénine, les Trotzki, les Sverdlov et les Yourovski l'ont continuée. Les uns renversèrent l'Empereur, l'arrêtèrent, le jugèrent; les autres le massacrèrent. Les uns et les autres sont ses bourreaux. Quels furent les agents de l'Allemagne, quels furent ceux de l'Internationale, quelle est la part qui revient à chacun des membres de la « société »? Qu'importe! La

Russie a été trahie : le bloc, les comités, les partis, les salons, tous ont pris part au complot.

Et c'est seulement lorsque la « société » eut achevé son œuvre abominable que le peuple, pris d'abord à l'improviste, puis affolé comme un troupeau dont on a fait disparaître le berger, sentit se déchaîner en lui des instincts primitifs et se rua avec démence dans la voie de la honte et du déshonneur, qui lui fut montrée par la « société » et son gouvernement « responsable ».

Ainsi, le système « impérial » se révéla incapable d'assurer la solidité du trône. Une génération de traîtres et de lâches avait suffi pour conduire le plus puissant des monarques à l'abdication.

Cependant, l'Empereur reste maître de lui jusqu'à la dernière minute. Dieu seul sait ce que ce calme lui coûte. C'est seulement le 3 mars, à son retour au Grand Quartier Général, qu'il paraît ému. En descendant de son wagon, il se contient encore, il salue en souriant les grands-ducs et les généraux. Mais, à la vue du cortège des officiers de l'Etat-Major, une brusque émotion le fait tressaillir. Il passe devant eux, serrant la main à chacun. Ce sont ses adieux à l'armée. On sent qu'il a peine à surmonter son émotion. Beaucoup d'officiers ne peuvent retenir leurs larmes. Il arrive au dernier. Alors, de grosses larmes coulent sur ses joues, il se couvre le visage et regagne rapidement son wagon.

Voici maintenant l'instant suprême. Devant

lui la garde, la noblesse militaire, l'armée, le peuple; au-dessus, planent les ombres des Soussanine, des Boulba, des Minine, des Souvorov et d'autres héros de l'histoire nationale.

Hélas, les larmes des officiers ne sont pas une force. Il y a là des milliers de gens armés. Et pas une main ne se lève, pas un cri n'éclate, pas un sabre ne sort de son fourreau. Dans toute l'armée, il ne se trouve pas un régiment, pas une compagnie, pas un homme qui s'élance pour tenter, fût-ce au péril de sa vie, de sauver le Tsar, la Patrie.

Rien qu'un silence de mort.

Mais dans ce silence morne, lugubre, glacial, veule, comme frappé de sortilège, la figure grandissante de l'Empereur Nicolas II prend un éclat extraordinaire qui rayonnera dans l'avenir.

Après avoir pris congé des officiers dont certains s'évanouissent, le Tsar qui a fini par dominer son émotion, tourne les yeux vers la troupe.

Minute de tension suprême. Les soldats sont là, les yeux fixés sur le Tsar, retenant leur respiration, dans l'attente d'un commandement. Ils sont nombreux, les armes brillent; l'armée est encore intacte, imprégnée de tradition, de discipline, de gloire historique. C'est une force terrible. Les soldats, c'est le peuple : ils sont venus de toutes les régions de l'immense Russie. En ce moment tragique, le Tsar peut encore d'un mot modifier la face des choses!

Il les regarde longuement et leur adresse avec douceur ses dernières paroles :

« *Prochaïtié, bratsi* ». — Adieu, frères !

« *Bratsi* » — frères: Ce mot ancien, caressant, implorant, s'emploie fréquemment dans le peuple « Dieu vous aide, bratsi ! » « En avant, bratsi ! » « Au secours, bratsi ! » C'est un appel dans la détresse, un cri d'angoisse, une exclamation arrachée à la souffrance.

On a reproché à l'Empereur d'avoir dit aux délégués de Tver que leurs rêves étaient « insensés »; il voulait dire « irréalisables ». Ce mot était cependant aussi juste que prophétique. Que ne s'est-il, en ce moment suprême, trompé encore une fois et, au lieu d'un résigné « adieu, frères », que n'a-t-il lancé au peuple en armes cet appel désespéré « au secours, bratsi »? Qui sait si ce seul mot n'eût pas changé le cours de l'histoire?

Peut-être le sang eût-il coulé, peut-être se fût-il produit des scènes de carnage; mais peut-être aussi tous fussent-ils accourus à son secours. Et l'Empereur, l'idole de l'armée, l'idole du peuple, se fût trouvé de nouveau sous cette protection, comme aux temps anciens.

Mais il ne s'est pas trompé. Il a prononcé sciemment le mot d'une grandeur inoubliable, plus fort que tous les manifestes : « *prochaïtié* », ce mot merveilleux de notre merveilleuse langue, qui signifie adieu, mais qui signifie aussi « pardon », le pardon qu'on s'accorde réciproquement au moment de se séparer à tout jamais. Il l'a prononcé avec douceur, comme une caresse ultime adressée au peuple russe, à ce peuple qu'il aimait si fraternellement.

En ces deux mots de « pardon » et de « frères » se traduit, non pas le pathétique impérial, mais la douceur de l'Autocratie nationale, orthodoxe, impérissable, sortie du terroir et assez puissante pour pouvoir tout pardonner à ses propres enfants.

Ces deux mots sont l'expression d'une dernière volonté. Ils entreront dans l'histoire et un jour viendra où leur sens profondément miséricordieux pénétrera tous les cœurs et où toute la nation, les jeunes comme les vieux, se les redira avec ferveur.

Un jour viendra où le « droit au déshonneur » de 1917 sera aboli et où de nouveaux exploits semblables aux anciens, effaceront la honte de ces sinistres années et de cette mémorable journée où le Tsar était seul en présence de son peuple et où il prit congé de lui dans un geste de pardon.

Dieu l'a voulu ainsi.

L'Empereur n'a pas trahi la Russie ni l'honneur militaire. Il n'a pas appelé au secours et n'a pas provoqué d'émeute. Il n'a pas rompu le front comme un dément lui en avait suggéré l'idée ; au contraire, il ordonna au peuple et à l'armée de continuer la guerre jusqu'à la victoire. Et il resta seul.

Nous ignorons les pensées du Tsar ; nous connaissons seulement la décision qu'il a prise, nous avons recueilli les simples et majestueuses paroles qu'il a prononcées. Ses pensées ont dû être celles d'un martyr. Il n'a pas renié sa foi ; c'est le peuple qui l'a renié et qui a renié en même temps sa patrie millénaire. C'est la Russie qui a été décapitée dans la personne de son chef dont la couronne de diamants se changera en couronne d'épines pendant que la croix et le drapeau seront foulés aux pieds.

LA RÉVOLUTION

Il s'est trouvé des gens assez... candides pour comparer le chaos anarchique qui s'est déchaîné sur la Russie à l'événement historique que fut pour l'Occident la Révolution Française C'est plutôt de dissemblances qu'il conviendrait de parler.

La Révolution Française, pas un seul instant, ne met la Patrie aux enchères. Or, chez nous, sciemment ou par peur, tous les chefs du mouvement révolutionnaire ne font que cela, depuis l'abdication du Tsar, lequel seul n'aura pas trahi.

Cette abdication fut arrachée dans le but, affirme-t-on, d'assurer la victoire. Quelle cynique impudence !. Les meneurs parlent de victoire ; or, aucun d'eux n'y croit. Et c'est justement pour cela qu'elle est impossible. Le mensonge était à la base de tout ce qui arriva. Et le peuple, lui, s'en rendit compte immédiatement. Il faudra qu'il sache un jour comment ce mensonge fut bâti et quels en sont les auteurs.

Il y eut, certes, aussi des gens de peu d'honneur dans l'aristocratie ainsi que dans la démocratie françaises. Mais là, on les a toujours dénoncés, le plus souvent violemment réprimés même. Chez nous ces déchets sont la majorité.

Ce n'est que plus tard, parmi les Blancs, qui

ne savent pas exactement au nom de quoi ils luttent, qu'on verra des gens qui savent mourir avec héroïsme ; mais ils sont si peu nombreux que leur héroïsme restera sans résultat.

La Révolution Française sut tenir tête aux envahisseurs du sol de la Patrie et dicter la paix à toute l'Europe hostile. Notre révolution, — qu'il serait impropre de qualifier de russe étant donné les éléments hétérogènes qui en sont les instigateurs, — avait débuté par une lâche fraternisation avec l'ennemi, en vociférant : « Sans annexions ni contributions ! », « A bas la guerre ! » Elle avait fait mettre bas les armes, permis de les troquer contre de l'eau-de-vie et conseillé la débandade et le pillage.

En France, on décapite les antipatriotes. Chez nous, ce sont les patriotes qu'on assassine. L'esprit de trahison qui se déchaîne comme un ouragan après l'abdication du Tsar, tua l'âme héroïque du peuple et de l'armée.

Lorsque la « société » de la capitale prit en mains le pouvoir, le peuple ne reconnut pas ce pouvoir et ne suivit pas la « société » dont le pathétisme de meeting sonnait faux à ses oreilles. Cette révolution lui parut lâche et mensongère, aussi inutile que criminelle. Il la subit en la méprisant. Albert Thomas, le socialiste français venu féliciter le peuple russe, déclara au mois d'août : « Votre révolution n'est pas sanglante, mais elle est lâche. »

C'est alors qu'on vit clairement qu'aucun lien

n'existait entre la « société » et le peuple. Le nouveau pouvoir ne pouvait avoir d'autorité parce qu'il n'était basé sur aucun sentiment, ni sur un souvenir historique, ni sur l'honneur, ni sur aucun précédent, et qu'il ne possédait même pas de plan déterminé. Après huit mois d'agitation dans le vide, ce grotesque gouvernement fut balayé sans résistance comme l'avait été la Douma dès les premiers jours, comme le fut par la suite la Constituante réclamée depuis 1904 et que le juron d'un simple matelot suffit à disperser.

La « société » russe, qui avait eu l'impudence de faire juger l'Empereur par la Douma et de réclamer son abdication, se traduisit par là elle-même devant le tribunal de l'histoire qui prononcera contre elle la plus infamante des condamnations. Les noms de ces criminels? Ils se trouvent dans les listes des groupes qui travaillaient contre le Tsar et contre la patrie, dans les cadres formés par Chipov, dans le bloc de 1915, dans les différents comités et dans les fractions de la dernière Douma. Ils sont marqués du sceau de l'infamie. Et personne ne peut être attendri par l'aveu de ces gens « qu'ils se sont trompés », ni par leurs excuses, ni par leurs regrets « de n'avoir pas su s'adapter aux circonstances ». Le sang du Tsar, celui de millions de Russes, la honte de la Patrie, ce ne sont pas « des circonstances ». Et les crimes ne se rachètent que par l'expiation.

La France aussi avait jugé son roi. Les chefs d'accusation étaient : le mauvais état des finances, la famine, la misère générale à laquelle insultait le luxe effréné de la Cour. Les privilèges de la noblesse et du clergé offensaient le peuple ; les impôts étaient écrasants et injustement répartis : tandis que 12 hectares de terres nobiliaires acquittaient 9 livres de redevance foncière, les paysans en payaient 14 pour 4 hectares de terre ; le roi cherchait à remédier au dépérissement du pays par des mesures contradictoires qui ne faisaient qu'accroître le trouble.

Chez nous, rien de semblable. Le pays est prospère, le peuple est suffisamment bien nourri, logé, vêtu. Il est aussi calme que satisfait. La réforme agraire est en bonne voie ; les impôts sont les plus modérés qu'il y ait au monde et sont acquittés par tous sans distinction ni privilège. La Russie, riche, puissante, est en état d'entretenir la plus nombreuse de toutes les armées et, bien que la guerre dure depuis trois ans, elle peut en supporter les charges longtemps encore. L'Empereur donne l'exemple le plus élevé de conscience et de modestie. On ne peut relever contre lui le moindre prétexte qui soit de nature à justifier un reproche.

Il n'y a de ressemblance que dans l'entourage des deux Souverains. Chez nous, comme en France, la classe dirigeante court à l'abîme, le diadème sur la tête. Autre similitude : le Tsar, comme le Roi, n'a d'ami fidèle que son épouse. Et ceci est encore plus vrai pour le Tsar que pour le Roi.

En France, en effet, sur dix mille victimes de la Révolution, on compte huit mille membres de la noblesse dont plus de mille sont morts l'épée à la main, pour la défense du Roi. En France, la foi monarchique ne quitte pas le cœur de ceux qui combattent pour elle. Quant à ses adversaires, ils ne songent pas à se cacher derrière « le salut du pays ». On désigne les choses par leur nom. On critique le Roi pendant des années avant de le traduire en jugement parce que le peuple hésite à le livrer. Il a vaguement conscience que la Monarchie représente une force vive. Malgré ses excès, il lui reste fidèle et c'est ce qui explique que, plus tard, il accueillera avec enthousiasme la Couronne, même impériale.

Il n'en est pas ainsi chez nous. Sans que le peuple ait fait entendre sa voix et exprimé sa volonté, sans que la Russie y ait pris la moindre part, une bande de conjurés se sert de la Douma, légalement dissoute, pour juger le Tsar en deux jours et le faire arrêter. Dans l'entourage du prince, pas un sabre ne sort du fourreau pour sa défense, Tout, autour de lui, se tait lâchement. Lorsque, après l'abdication, il rentre à Tsarkoïé Sélo, presque tous les fonctionnaires de la Cour sautent du train avant l'entrée en gare pour ne pas être vus à ses côtés.

Lui seul témoigne d'une grandeur d'âme incomparable. Emprisonné, puis déporté, il ne se départit pas d'une attitude pleine de calme et fait preuve, ainsi que l'Impératrice et leurs enfants, d'une dignité vraiment majestueuse dans sa noble simplicité.

Ni les menaces, ni les violences ne le font défaillir. Il ne fait aucune concession : en 1905, c'est de bon gré qu'il a accordé une constitution; en 1917, il ne cède rien et abdique.

La « société » ne semble pas se douter que cette abdication, réclamée par elle, c'est la mort. *Moriendum esse!*

Robespierre et sa bande ont le courage de constituer un tribunal : c'est au grand jour qu'ils réclament la tête du roi.

Nos conjurés livrent le Tsar à une assemblée de mercenaires et le font disparaître.

Un historien cite cette phrase : « Couton a soif, qu'on lui donne un verre de sang. »

L'histoire demandera-t-elle à notre « société » et à la Douma si elles se sont suffisamment repues de sang innocent? Ne sont-elles pas couvertes de sang innocent, les mains de Rodzianko, de Goutchkov, de Kerenski et de tous ceux qui ont trempé dans la conjuration, ceux du bloc, les leaders des partis?

Dans la pléiade des chefs de la Révolution Française on trouve des talents et des intelligences, Mirabeau, Cordier, Pétion, Rederer, Condorcet, Marat, Sieyès, Barnave. Lafayette, Fournier et autres. A beaucoup d'entre eux l'histoire donne le qualificatif de scélérats. Mais ils forment la Montagne. Ils ne fuient pas comme les nôtres, ils ont de l'autorité sur le peuple et en acquièrent sur l'Europe, ils détiennent incontestablement le pouvoir. Ils proclament et défendent les grands principes de la propriété, de l'intégrité du territoire et de l'indépendance de la France. La Révolution Française crée une armée qui bat toute l'Europe et fait surgir un Bonaparte, un Murat, un Ney, un Davout et toute une galerie d'incomparables héros, d'intelligences, de talents et de patriotes. Pour avoir préservé la propriété et la frontière et promené à travers l'Europe ses armes victorieuses, la France a été en droit de pardonner beaucoup à sa Révolution.

La Russie pourra-t-elle jamais pardonner les méfaits des Chipov, des Goutchkov, des Rodzianko, des Kerenski qui n'ont su faire qu'une hideuse mer de sang à la place d'une montagne? La Révolution Française détruisait pour créer. Elle fut tragique, elle ne fut pas honteuse. Elle n'imita personne, elle n'eut pas besoin d'Internationale. Elle se faisait annoncer au son guerrier des clairons et des tambours, aux accents de « Ça ira ». Elle fut sanglante, insensée, mais elle ne fût pas lâche.

Et chez nous? Au lendemain de l'abdication, on met bas les armes, c'est la débandade pour aller « approfondir » et « sauver » la révolution. Le Tsar n'est plus là, personne ne lance d'appel à la Foi. Or, sans ces deux symboles, la Patrie est vide de sens.

Des bouffons comme Kerenski « approfondissent » la Révolution et prétendent représenter la Russie avec un déluge de paroles, avec des spasmes de cabotin. Et les généraux s'inclinent devant ce nouveau chef. Ne cherchons pas un Carnot, un Dumouriez, un Murat, parmi ces tristes figures. Il ne peut plus être question de victoire. Les bouffons n'ont pas l'étoffe des héros. Bientôt, ils sont remplacés au pouvoir par de plus forts qui prennent le peuple à la gorge et mettent la Russie à l'encan.

Les années révolutionnaires de la France s'écoulent sous le signe de la victoire. Les derniers montagnards, Fournier, Danton, Rovère, Varin, le boucher Legendre lui-même. Robespierre, ne se cachent pas dans les comités de salut public. C'est du haut de l'échafaud, à l'ombre de la guillotine, qu'ils accomplissent leur terrible besogne, et ils ont un idéal : le salut de la patrie menacée.

La France tressaille, mais elle ne s'abaisse pas. Le peuple français, la société française ne sont pas des voleurs.

Jadis, notre pays oriental fit surgir un Minine et le peuple dut prendre les armes pour chasser les bandes pillardes de Vladislas. Il n'eut pas besoin pour vaincre qu'on lui fît des discours.

En 1917, il n'en est plus ainsi. Le peuple est le même, mais on en a souillé l'âme. Il croupit dans un marais. Dans la masse, il y a bien encore des gens courageux, mais l'insolence des leaders de la « société » paralyse tous les élans du patriotisme, à ne citer que la tentative isolée des officiers de Tarnopol.

Faute de chefs décidés et courageux, le peuple se désagrège et couvre le pays d'une lave brûlante qui détruit tout sur son passage au nom de la révolution, mais surtout pour s'emparer des terres inexistantes et d'ailleurs inutiles. Pas un instant, il ne croit au nouveau pouvoir ; mais il sent la honte de ce qui s'est accompli et, démoralisé, il réalise l'idée révolutionnaire en pillage. L'armée se rend sans combat. Mensonge et défaitisme, l'alpha et l'oméga de la doctrine socialiste.

Les Allemands, qui nous connaissent, ne se hâtent pas d'aller à Moscou. Leur Empereur sait que son armée est à bout de forces ; il est sûr de nous rendre inoffensifs en nous envoyant Lénine avec un lot de Juifs et 70 millions de marks pour attiser la révolution. Après avoir livré aux bolcheviks le nord-est de la Russie, les Allemands, fiers de cet exploit, se répandent eux-mêmes dans le midi où notre « société » servile attend que les généraux allemands Eickhorn-Grünner et autres, décident de son sort. On voit un « général de la suite de Sa Majesté » comme Skoropadski se rendre auprès du Kaiser pour se mettre à sa disposition, tandis que l'un des représentants de la « société » russe déclare à Moscou au délégué des Volontaires que « le salut de la Russie dépend des Allemands et non des Alliés... »

Partout la honte. Seule la tentative des Volontaires de défendre l'honneur national projettera un rayon lumineux sur l'histoire de ce triste temps.

Ce qui étend alors la main sur la Russie n'est pas un pouvoir, mais un « syndicat international de dilapidation du pays ».

La civilisation occidentale a porté ses fruits : la démocratie triomphe. Une partie de l'Europe est atteinte de cleptomanie et notre émigration est traitée de « fléau ».

Les clés de la guerre et de la paix sont entre les mains des bolcheviks.

*
* *

A la fin du siècle dernier, le professeur Mendeléïev avait signalé la régression dans la production nationale : ralentissement de l'activité scientifique et du rendement industriel, paresse croissante des peuples et de l' « intelliguentsia », manque de main d'œuvre due à l'instabilité de la population ouvrière, infériorité du rendement ouvrier par rapport à d'autres pays d'Europe. En 1900, une partie de la presse russe commençait à se préoccuper de cette involution. Elle constatait notamment l'accroissement de la paresse et de la criminalité dans la jeunesse paysanne. Mais elle évitait soigneusement de mettre en lumière les agissements, gros de dangers, de la « société ». Or, il n'est pas difficile dè démontrer que le bolchévisme prenait racine dans la « société » de la capitale et des villes. Certes, il y avait dans les milieux intellectuels un grand nombre de gens de mérite qui se tenaient à l'écart de l'agitation politique, mais ceux-là même ont aussi leur part de responsabilité par suite de leur attitude indifférente et inerte en face de la crise économique et des menées subversives des éléments turbulents.

Nous avons doublement trahi notre souverain, en lui cachant une partie de la vérité et en déformant l'autre, et maintenant nous cherchons à nous disculper en cherchant des coupables autour de nous. Nous mettons sur le compte du bolchevisme l'infamie de notre rôle dans les deux révolutions. Nous accusons les Allemands, les Anglais, les Juifs, les Francs-Maçons ; nous accablons de reproches les chefs d'Etat qui n'ont pas fait un geste pour sauver le Tsar et dont certains ont tendu la main aux voleurs internationaux qui se sont installés à sa place.

Nous oublions que, pourvus de tout ce qui permet de peser sur la direction des événements : pouvoir, influence, richesse, souvenirs glorieux, nous n'avons rien fait pour conserver, et avons tout fait pour détruire, ou bien avons fui sans essayer de lutter.

Terrible leçon, pour les générations à venir !

Notre devoir est de les éclairer en avouant nos torts et en reconnaissant que le tsar était notre seule garantie de la victoire, car il était l'incarnation de l'idée de la Patrie. La haine de la « Société » contre la personne du Tsar se dirigeait en réalité contre la victoire et contre la Patrie.

Mais notre inconscience est sans limites. Aujourd'hui encore, il y a des écrivains qui osent affirmer que, « peuple scythe, nous ne sommes qu'un embryon de nation en état chaotique et qui porte en son âme le maudit maximalisme »

Ne calomnions pas notre peuple! Il est innocent, car il est le dernier venu à la bacchanale révolutionnaire. Les paroles d'adieu de notre Empereur l'attestent aussi. Car ces paroles, soigneusement dérobées à la connaissance publique par le Gouvernement provisoire, sont toutes d'amour et de confiance dans le peuple.

Cette foi dans la nation et dans son avenir est le plus précieux legs de notre Souverain, et nous devons l'accepter avec vénération.

L'EXPIATION

Plus le temps passe et plus la vie admirable de l'Empereur Nicolas II et son grand rôle historique prennent du relief. C'est lui, en effet, et lui seul, qui a défié l'incrédulité, la malhonnêteté et la démence qui s'est emparée du troupeau humain.

Il est le premier des monarques chrétiens qui ait reçu les attaques de la sombre Internationale, de l'armée de la future Inquisition. Nos occidentalistes doivent se dire que l'ancienne Europe légitime a cessé d'exister. Deux sociétés, l'une soutenant le droit, l'ordre et la religion, l'autre s'adonnant à la spéculation et à la débauche, y vont bientôt être aux prises et il est permis de prévoir à laquelle des deux les fameuses acquisitions de la culture matérielle réservent la victoire.

L'Occident n'a rien fait pour empêcher la chute et la mort du plus noble champion d'une civilisation réelle, défendue par lui contre le Nord et contre l'Est, et le moment n'est pas éloigné où il en subira les funestes conséquences. Les fanfares du socialisme se tairont-elles avant que l'humanité terrifiée ne s'aperçoive qu'elles ne la conduisent qu'au bolchévisme et qu'elle ne s'en détourne avec mépris et malédiction? Le capitalisme, père naturel du socialisme, subira-t-il une crise salutaire et renoncera-t-il, sous la poussée de l'instinct de la conservation, à ses procédés de rapine et de féroce égoïsme?

La chute de l'Empereur Nicolas II et la déchéance de la Russie qui en est le corollaire auront pour le monde des conséquences incalculables. Aujourd'hui, l'indifférence est presque générale pour le sort de ce pays ; c'est à qui s'emparera de ses dépouilles. Grand sera l'émoi quand la Russie s'éveillera et regardera autour d'elle.

L'humanité — qui est allée jusqu'à inventer des moyens chimiques pour se détruire elle-même, qui s'est montrée aussi indifférente pour les horreurs de la guerre que pour les atrocités de la terreur russe, qui semble admettre la révolution comme un fait normal et permis, — comprendra alors, après des expériences sanglantes, qu'il faut arrêter le cours de cette fausse civilisation ; qu'elle montre ouvertement son visage criminel ou qu'elle commence une nouvelle vie !

La paix n'est qu'une illusion ; la guerre couve sous la cendre et le monde est menacé d'être à nouveau couvert de sang. Les démocraties, les parlements, l'agitation socialiste vont être bientôt obligés d'arrêter leur jeu puéril devant la faillite qui les guette. A la vue des croix qui se dressent sur les tombes du passé, les gens éperdus se soulèveront.

Pendant les mois de son cruel exil, notre Empereur jugeait avec pénétration tout ce qui se passait. Si ses graves pensées embrassaient l'ensemble des problèmes universels, il est permis de croire qu'elles s'arrêtaient plus particulièrement sur ce qui touchait « sa » Russie qu'il aimait si profondément. Dans les dernières paroles qu'il avait adressées au peuple, on ne trouve pas un mot de reproche : elles n'expriment qu'une tristesse infinie devant les malheurs de la Patrie.

Tout ce qu'il faisait, avait toujours été empreint de dignité. Il n'est pas une seule de ses décisions qui n'ait été dictée par l'esprit de la justice. Ce Monarque était sans reproche.

Malgré le souvenir toujours vivant de la fin tragique de presque tous ses ancêtres, l'Empereur n'avait jamais eu recours à aucun des procédés démagogiques pour se concilier le dévouement de l'une ou l'autre des classes sociales. Il ne chercha pas une garantie personnelle dans l'abandon, par exemple, aux paysans des terres de la noblesse. Lorsque, en 1905, son entourage apeuré fut unanime à lui conseiller de donner au pays une constitution avec toutes les libertés, il consentit à convoquer la Douma et eut la patience de la laisser fonctionner; mais rien ne put le contraindre à renoncer aux droits de l'Autocratie. Il lui eût été si facile, en faisant le sacrifice d'un seul mot, de s'assurer un temps de tranquillité !

En 1907, malgré l'opposition que lui fait, ainsi qu'à son meilleur ministre, la plus grande partie de la « société », l'Empereur édicte la loi agraire qui a pour but d'affranchir la classe paysanne du joug de la commune. La révolution aura empêché la mise en pratique de ce bienfait et l'asservissement de la population rurale persistera.

La « question juive » constitue de tout temps une menace permanente. Le bloc qui groupe tous les principaux éléments de la « société », réclame pour les Juifs l'égalité des droits. L'Empereur, n'écoutant que sa conscience, refuse d'accorder cette concession dont il prévoit les funestes conséquences, mais il se montre disposé à accorder certains amendements au régime en vigueur. Cela n'empêche pas le syndicat des banques de répondre à l'agent du ministère des Finances envoyé en Amérique que « l'égalité des droits sera donnée aux Juifs, non par le Monarque, mais par le peuple lui-même. » La révolution, en effet, donnera aux Juifs le droit de libre circulation et la terre passera rapidement en leurs mains. Ce sera le résultat le plus net de la révolution !

L'Empereur aurait pu, par un traité avec l'Allemagne, assurer la paix à son pays. Mais il savait à quelles conditions il lui aurait fallu en payer le prix. Au surplus, il était fidèle à l'Alliance que son père avait contractée avec la France. Lorsque, pendant la guerre, on lui avait communiqué une lettre du Ministre de Russie à

Stockholm rendant compte des propositions de paix dont un certain Ryzov l'avait entretenu, l'Empereur, indigné, nota énergiquement en marge « qu'on n'ose pas songer à la paix », — ce qui n'empêcha pas la cabale de répandre le bruit qu'il avait « lu » ce papier. Jusque dans son exil, aux offres que lui feront faire les Allemands de lui assurer la vie sauve, il répondra « qu'il se ferait couper la main plutôt que de signer la paix. »

On se garde bien de publier, à nos jours encore, les sténogrammes de la Douma pendant les derniers jours de l'Empire. On soustrait également à l'opinion publique les discours adressés à l'Empereur par les traîtres délégués par la Douma. Par contre, on a répandu à profusion les rumeurs accusant l'Empereur de trahison et d'autres infamies. La Douma avait poursuivi consciemment ses provocations qui devaient conduire à la dissolution et, de là, au coup d'Etat. Les conjurés n'avaient plus rien à craindre : l'armée et l'Internationale étaient avec eux.

Tous les sentiments de l'Empereur étaient opposés à la guerre. Mais il avait été porté atteinte à l'honneur du pays. Aussi, après avoir épuisé tous les moyens de conciliation, avait-t-il accepté cette épreuve courageusement, sans faiblesse.

Ç'aura été une *guerre de monarchies* où ce sont principalement les monarchies qui succombent. L'ombre de Bismarck n'aura pas apparu pour paralyser la main du fou couronné qui ne saura ni calculer ni sentir, et qui croira « au vieux dieu allemand » au lieu d'avoir foi en Dieu tout court. L'ombre de Souvorov ne se sera pas dressée près de notre Tsar pour lui dire : « Gare aux traîtres ». Et les chefs de l'Internationale se réjouiront de voir s'écrouler les monarchies. Disparu, le monarque autrichien ; l'Allemand fuit lâchement son pays. Quant aux monarques vainqueurs, la plupart d'entr'eux s'inclinent complaisamment devant l'Internationale.

Seul le Tsar de Russie, plutôt que de laisser entamer le principe du pouvoir, se désistera en regardant l'ennemi en face. Ni les menaces, ni les promesses de vie sauve et de liberté ne pourront triompher de son inébranlable fermeté.

Il n'aura pas trahi ses Alliés. Il laissera, en effet, une armée de 12 millions de baïonnettes, une Russie riche, non épuisée, capable de soutenir la lutte pendant plusieurs années encore, alors que l'Occident sera à bout d'hommes et de provisions. Il aura laissé surtout le gage de la victoire acquise depuis 1914, grâce à la marche légendaire de nos troupes sur la Prusse orientale qui sauva Paris.

L'Empereur Nicolas II aura conservé intacts pour la postérité l'honneur et le nom de la Russie des Tsars, la grandeur passée de cette nation.

Il y a des gens qui disent à tort que la guerre n'a pas donné de résultats. Ses résultats, au contraire, ont été immenses, mais ils sont le contraire des buts poursuivis. Cette guerre maudite n'a donné ni la paix ni le désarmement. Elle n'a apporté de satisfaction qu'aux gens de mauvaise foi et elle est le point de départ des luttes qui déchireront les peuples. Les anciens facteurs de modération, l'esprit chrétien et les principes monarchiques sont relégués dans l'ombre. De nouveaux groupements sociaux, des formations politiques hâtivement constituées vont attiser les rancunes contre l'œuvre inachevée de 1918 et l'esprit de vengeance va souffler sur le monde. Les guerres et les révolutions vont se succéder; l'idée de fraternité des peuples est retardée d'un siècle.

Les avantages exagérés et les profits scandaleux des uns, les pertes et les sacrifices subis par les autres, ont ébranlé jusque dans ses fondements tout l'organisme européen dont l'autorité est détruite et dont les forces se gaspillent dans des haines nationales et sociales et dans des rivalités économiques. Le socialisme et le parlementarisme mènent à l'anarchie, le capitalisme à l'esclavage. Et l'Orient, jusqu'à ces derniers temps paisible, commence à devenir menaçant

Notre révolution, issue de la guerre ainsi que l'avait escompté la conjuration, fut saluée par l'Europe. Seule la France fut un moment frappée de stupeur. Seule aussi elle tentera en 1918 — sans succès — de venir en aide à la Russie. Il est significatif que ce soient les républiques de

France, de Suisse et d'Amérique qui tardent le plus à reconnaître le gouvernement rouge.

L'histoire démontrera que le cataclysme qui ravage le monde n'est que le fruit de la rivalité de deux grandes puissances pour l'hégémonie européenne. Et comme la Russie, dont la force pouvait faire contrepoids, se trouve écartée, la paix mondiale est loin, hélas! d'être assurée. Le traité de Versailles ouvre la perspective à de nouveaux carnages que l'Internationale prépare.

Mais, peu à peu, se dessinera l'image rayonnante de Celui qui, le premier, avait invité le monde à la paix. On ne l'écouta pas. On l'entraîna lui-même dans une tuerie insensée et il tomba victime de son devoir de Souverain humanitaire. Avec la chute du Tsar, l'Europe a perdu un Etat qui remplissait depuis des siècles un rôle conciliateur.

Et, en même temps, notre lien originel avec l'Orient s'est renoué. Nous avons quitté l'Occident. C'est un fait accompli. L'indépendance est la condition vitale de la Russie future qui fixera elle-même sa propre destinée, soit en adoptant la république et la décomposition, soit en reconstituant son unité avec la monarchie tsariste.

. . . .

Il serait injuste de dire que dans les milieux de gauche il n'y ait pas eu d'idéalistes sincères croyant au bien de l'émancipation, de la constitution, du socialisme. Il y en eut, mais si peu qu'on pouvait les compter...

Tout le reste était moralement corrompu, rempli de haine et poussait à la révolution dans des buts foncièrement et cyniquement intéressés. Le bolchevisme est l'aboutissement fatal de leurs efforts. Abstraction faite du côté moral, si on ne juge le mouvement révolutionnaire qu'avec les yeux de la raison, on constate l'incapacité irréductible de tous ces milieux sociaux. On se demande si tous ces messieurs de la bureaucratie, du « monde » et de l' « intelliguentsia » qui allaient « à l'émancipation » dépourvus de plan et avec un manque absolu de prévoyance, si toutes les déclamations depuis Herzen et Bakounine, si tous les partis, congrès, blocs et autres manifestations politiques n'étaient pas simplement le résultat d'une incommensurable bêtise.

Les rares publicistes conservateurs qui avaient prévu que la Russie allait à sa perte, que les conjurés la conduisaient à la ruine, avaient malheureusement raison. Personne ne voulait les entendre. Pourquoi? La société les haïssait. Pourquoi? et d'où vient-il qu'aujourd'hui ceux-là mêmes qui reconnaissent s'être trompés ne se décident pas à révéler pourquoi et en quoi ils se sont trompés? Ont-ils honte de cet aveu? Il ne suffit pas, en effet, de dire « nous nous sommes trompés... »

On rapporte la réponse de Napoléon au général Dumas qui prétendait qu'il aurait pu empêcher le coup d'Etat mais qu'il avait hésité :

« Vous êtes un nigaud et ne savez pas comment on fait une révolution... » Que dirait-il des gens qui ont déclanché le mouvement d'émancipation entre 1904 et le mois d'octobre 1917?

Est-ce que vraiment tout ce qui est arrivé en Russie a eu la sottise pour cause principale? Les relations des chroniqueurs contemporains le proclament à chaque ligne...

N'est-ce pas la vue de cette incapacité congénitale qui rendait l'Empereur Nicolas II si réservé en présence des suggestions de la « société »? Et n'est-ce pas aussi à cause de cette incapacité que le peuple chassa d'un seul coup, en 1917, la « société » qui s'était emparée du pouvoir, et n'est-ce pas dans la folie du désespoir qu'il s'abandonna au brigandage qui lui était suggéré sous le qualificatif de « conquête de la révolution? »...

La bureaucratie et la Cour ont été les premiers à souiller l'idéal conservateur. Les fonctionnaires n'avaient-ils pas honte d'être vus avec un journal de droite à la main et ne les lisaient-ils pas en cachette?

Le peuple, par ignorance, ne répondit pas à l'appel des défenseurs de la Monarchie. En 1906, le mouvement de droite avait pris de l'importance et ses chefs avaient réclamé la répression de l'émeute. Mais il n'en sortit rien de sérieux, ni de capable de contrebalancer les revendications répétées de la gauche. Dans les rangs de la droite, les hommes de valeur étaient encore plus rares...

L'Empereur voyait la « société » divisée depuis 1905 en une majorité qui allait ouvertement vers la destruction et en une minorité sans cohésion, sans programme politique et économique Impossible de puiser une idée dans les diverses propositions formulées. Aussi la bureaucratie triompha-t-elle en faisant valoir ses propres mérites et en préconisant les avantages positifs de la constitution européenne « éprouvée »...

Présumant de sa force, le gouvernement laissa passer le temps et ne se rendit pas compte que c'est seulement sous le régime de l'Autocratie qu'il était possible d'appliquer jusqu'au bout la réforme économique, celle de l'administration locale et celle du Zemstvo. Tardivement, et malgré les obstacles soulevés par la Douma, Stolypine seul le tenta au moins partiellement, car il comprit qu'en 25 ans la force accrue de la Russie rurale serait méconnaissable et inattaquable...

La conjuration le comprit aussi. Stolypine fut supprimé et la guerre décidée. Seule, une guerre malheureuse pouvait vaincre la monarchie. Calcul infaillible : au pis aller tombent les monarchies vaincues, mais les autres aussi sont ébranlées...

L'Empereur savait-il que la trahison et le complot encerclaient le trône? Il y a des indices pour et contre... Lui-mème a évité de se prononcer sur ce point...

Pouvait-il penser qu'une grande partie de la classe dirigeante était animée de sentiments hostiles à son égard, ainsi que cela fut prouvé par la suite? Pouvait-il penser qu'après 1905 il ne se formerait pas un noyau solide d'hommes d'Etat prêts à repousser toute conjuration? Pouvait-il croire que l'hostilité et la calomnie s'installeraient jusque dans sa Cour et que certains de ses proches se laisseraient entraîner dans le complot? Pouvait-il concevoir qu'au cours d'une guerre sans précédent la propagande et la diffamation ne trouveraient de résistance ni dans le pays, ni dans la « société », ni même dans son propre entourage? Pouvait-il supposer que ses confrères couronnés toléreraient que leurs politiciens s'employassent à ruiner la Russie et à renverser son trône?

Comment le Tsar de Russie eût-il prévu qu'au sein de l'armée chère à son cœur, il se trouverait des chefs capables de violer leur serment, de renier toutes les traditions en trahissant leur chef suprême et cela au moment où la puissance militaire russe se trouvait enfin organisée pour terminer victorieusement la guerre?

Comment supposer que le peuple, la nation, tout au moins son noyau russe qui avait mis des centaines d'années à forger son propre pouvoir, que l'armée qui l'acclamait « avec des larmes de tendresse » et des cris d'enthousiasme, se détourneraient un jour de leur Tsar et l'abandonneraient avec une lâche indifférence, sans que nulle part se manifestât le moindre signe de protestation contre l'action criminelle d'une « société » dévoyée?

L'idée pouvait-elle venir à l'Empereur que, reniant la Patrie et l'honneur, le passé et l'avenir, la nation s'abaisserait un jour à troquer son étendard glorieux contre la loque de l'Internationale?

Comment deviner qu'il serait mis en accusation, lui, l'innocent? Et comment croire qu'il fût possible que personne n'essaierait de prendre la défense du Souverain, la défense de l'homme, tout au moins?

Aucune de ces pensées ne devait et ne pouvait se présenter à l'esprit du Tsar...

Il ne pouvait pas admettre que la conjuration avait tout prévu : la politique de Witte, la guerre avec le Japon, les troubles de 1905, les émeutes, l'ère de la « liberté », le groupement des forces du complot, la question slave et la question juive, l'agitation des partis, la guerre mondiale, la participation de l'Allemagne et de l'Angleterre dans le mouvement révolutionnaire, l'action de Lénine et tout ce qui devait s'ensuivre.

Tout avait été calculé d'après un plan d'une simplicité géniale et sans la moindre erreur.

Eût-il eu la prescience d'un être surnaturel, l'Empereur n'aurait pu envisager l'éventualité d'une machination aussi diabolique.

De là son calme, sa franchise, sa fermeté et sa

foi dans l'armée et dans le peuple, dans l'avenir rayonnant de « sa » Patrie.

Le monstrueux, c'est qu'il ne se soit trouvé près de lui personne qui, ayant connaissance de ce complot, ait eu le courage d'éveiller son attention.

. . . .

Mais voici les derniers jours.

L'annonce de la révolution, — inexistante puisque le peuple et l'armée sont complètement calmes, que tout abonde dans le pays et qu'on est à la veille de la victoire, — et la trahison générale ont joué leur rôle : l'Empereur est renversé.

A la suite de l'abdication — et seulement alors — une révolution sanglante commence qui se prolonge jusqu'aujourd'hui ! Le pays est plongé dans le chaos, il n'y a plus de pouvoir et le premier homme fort, le mercenaire de l'Allemagne et de l'Internationale, Lénine, en profite pour s'imposer.

Le socialisme, cette formule suprême de la culture occidentale, ce fruit des recherches centenaires de la philosophie positive, est appliqué intégralement dans la Russie incommensurable. Le peuple est pour longtemps courbé sous le plus terrible des jougs. Les Juifs administrent le pays et tout est fait pour affaiblir, diviser, vendre la Russie, pour l'exclure pendant un siècle du rang des Etats producteurs, pour la transformer en une plaine glacée et pour réduire son peuple à l'esclavage.

A l'égard de cette Russie déchue, le monde pratique une politique cupide et méprisante pour son peuple comme pour son histoire. Seules, les générations russes à venir pourront comprendre la monstruosité de ces faits et il faut espérer que cette leçon inhumaine de cruauté et de cynisme leur apprendra à chérir la Patrie et à reconnaître ses ennemis.

Tous les actes de l'Empereur Nicolas II revêtent un sens profond et dénotent une ferme volonté. Lui seul a conscience de ce qu'est pour la Russie le pouvoir du Tsar et l'avenir prouvera qu'il voyait juste. Ce n'est pas sans raison que, pliant sous ce faix, il refuse depuis 1905 d'en alléger le poids. Il sait que, lui parti, ce serait dès le lendemain une catastrophe sans précédent. Il appréhende les conséquences néfastes d'un changement de régime pour un pays qui n'y est pas prêt. Il résiste à toutes les tentatives de venir à bout de sa persévérance.

Mais il est seul. Un moment arrive où il est forcé de se rendre compte que, s'il ne cède pas, on peut s'attendre au pire. Alors, il abdique. Mais, en abdiquant, il conserve intacts les droits du pouvoir qui lui ont été transmis par ses ancêtres et qu'il n'a jamais trahis. Il maintient dans sa plénitude l'Autocratie nationale.

C'est ce pouvoir qu'il lègue à la postérité en proclamant que c'est le seul qui convienne à la

Russie, qu'il ne peut y en avoir d'autre parce qu'il est seul conforme à son étendue, à sa nature, à son esprit, à son intelligence et que c'est pour cela que le peuple russe, tant qu'il fut grand et puissant, s'en accommoda si longtemps et en fit sa bannière qu'il fut toujours unanime à suivre. C'est pour le peuple que l'Empereur Nicolas II a tenu à conserver ce pouvoir dans sa pureté absolue, à l'abri des mains malpropres qui prétendaient en atténuer les soi-disant excès par des restrictions qui diminuaient son indépendance.

Qu'on institue des républiques, qu'on donne des constitutions, qu'on fasse d'autres expériences! Qu'on coupe même l'arbre! La racine reste. La nature reprendra le dessus; la terre gardera vivante les sources du pouvoir millénaire. La Russie tsariste, avec le rayonnement de son passé de splendeur, ne s'effacera jamais dans le souvenir du peuple russe. On n'échappe pas à l'obsession du souvenir. La Patrie restera soumise à la torture tant que le peuple ne reprendra pas conscience de son passé de puissance et de prospérité.

Le peuple n'est pas une statue. La constitution, le bolchevisme et ses turpitudes lui ouvriront les yeux, l'inciteront à la réflexion. La vue de la Patrie outragée et ruinée éveillera en lui la soif de l'amour, le sentiment de la propriété, le besoin de l'ordre et aussi de l'honneur. Il se ressouviendra des méfaits commis par des hommes venus du dehors. Rien ne sera oublié. Il se lassera de la domination de maîtres sans foi ni loi et aspirera au gouvernement d'un « Seigneur de la Terre » dont le seul guide est le bien du peuple.

Alors, qu'on le veuille ou non, il creusera le sol jusqu'à ce qu'il retrouve la racine d'où émerge le pouvoir des Tsars. Et tous béniront alors le souvenir de celui qui a fait le sacrifice de sa vie pour assurer la conservation de cette racine créatrice.

La Russie est tombée avec le Tsar, mais elle n'est pas morte. Elle revivra dans son antique unité, sans quoi elle ne s'appellera plus la Russie.

Quel est le successeur légal auquel incombera l'honneur et la charge de recueillir l'héritage de l'Empereur Nicolas II et de brandir à nouveau la croix de Jean Kalita? Sera-t-il pénétré du caractère sacré de l'acte par lequel le Tsar Nicolas II, au prix de sa vie, a maintenu intacts les droits du pouvoir?

Nous ne pouvons pas deviner les desseins de Dieu. Mais nous connaissons la vie, les intentions et les actes de l'Empereur Nicolas II. L'histoire de son règne n'est pas seulement un enseignement, c'est aussi un ensemble de matériaux avec lesquels on peut construire. Or, l'acte suprême accompli par l'Empereur-Martyr est un acte qui oblige. Des ténèbres qui entourent le présent depuis la chute de la « société » et du peuple russes, se dégagera de plus en plus clairement l'image du Tsar comme un témoignage d'honneur, de volonté, de labeur et de douce bienfaisance. Et le souvenir de sa miséricorde engendrera une grande douleur populaire.

Entré dans l'histoire, son nom servira de guide à ceux qui se décideront enfin à vaincre le Mal monstrueux qui règne actuellement. Son nom, son image deviendront les emblèmes de l'Armée du Bien. Et après un dur interrègne, les héritiers du pouvoir tsariste se verront obligés de suivre rigoureusement son exemple et ses principes dont s'inspireront également les Monarques des autres pays.

Notre Empereur s'est trouvé prédestiné par la volonté de Dieu. Sa vie, son abdication et sa mort ont exercé une action des plus profondes, surtout dans le règne de l'Esprit. Tous ses actes, comme sa fin, témoignent en sa faveur non seulement devant l'histoire de la Russie et de l'univers, mais devant le tribunal de la Justice éternelle.

La mort a épargné à l'Empereur la vue douloureuse de ce qui est advenu. Sa fin de grand martyr et celle de sa famille, ont rendu son souvenir encore plus étincelant. Nous mourrons; mais, après nous, il naîtra d'autres Russes. Un jour, le cœur du peuple tressaillera et, dans un élan national de reconnaissance, de pitié et de repentir, il s'unira dans son Eglise pour porter le nom du Tsar Nicolas II parmi ceux de ses Saints.

Le nom de Celui qui a soutenu vaillamment la lutte contre les forces conjuguées des ennemis de la vérité chrétienne a sa place dans l'histoire de l'Eglise. Il est la victime qui a racheté les crimes de son époque, l'impiété de ceux qui ont foulé aux pieds les principes les plus sacrés et immolé d'innombrables innocents.

Tout dépend du jugement de Dieu. Le mal a tiré l'épée : l'épée sera un jour tirée contre lui.

L'histoire de l'Empereur Nicolas II nous apprend à nous recueillir dans la prière et le repentir, à nous unir pour l'action et à ne jamais oublier que la destinée de la Russie est d'être une et indivisible.

Que son nom soit sur nos lèvres comme son souvenir est dans nos cœurs, quand nous prions pour ce que nous avons de plus cher au monde, pour notre sainte Patrie !

Wiesbaden, 1924.

TABLE DES MATIÈRES

TIRÉ SUR LES PRESSES DE
L'IMPRIMERIE DE LA SEINE
24, RUE J.-J.-ROUSSEAU
MONTREUIL - SOUS - BOIS

www.ingramcontent.com/pod-product-compliance
Ingram Content Group UK Ltd.
Pitfield, Milton Keynes, MK11 3LW, UK
UKHW022017170726
13837UKWH00001B/240